Umwelthinweis: Gedruckt auf chlorfrei gebleichtem Papier

Herausgeber: Polyglott-Redaktion
Autorin: Daniela Schily
Lektorat: Gerlinde Schermer-Rauwolf
Art Direction: Illustration & Graphik Forster GmbH, Hamburg
Karten und Pläne: Gundula Hövelmann nach Entwürfen von Sybille Rachfall; Kreml-Plan: Ib Withen
Titeldesign-Konzept: V. Barl

Ergänzende Anregungen, für die wir jederzeit dankbar sind, bitten wir zu richten an:
Polyglott-Verlag, Redaktion, Postfach 40 11 20, D-80711 München.

Alle Angaben wurden sorgfältig geprüft. Dennoch kann eine Gewähr für Vollständigkeit und Richtigkeit nicht übernommen werden.

Zeichenerklärung

- Information
- Flugverbindungen
- Eisenbahnverbindungen
- Busverbindungen
- Schiffsverbindungen
- Metro
- Öffnungszeiten
- Telefonnummer
- Faxnummer
- Hotel
- DZ 200–500 $
- DZ 100–200 $
- DZ 30–50 $
- Restaurant
- Menü 40–80 $
- Menü 20–50 $
- Gerichte 5–10 $

Kartenlegende

- Beschriebener Weg mit Nummer
- Durchgangsstraße
- sonstige Straßen
- Fußgängerzone
- Fußweg

Erste Auflage 1995

Redaktionsschluß: Oktober 1994

Printed in Germany
ISBN 3-493-62889-7

Polyglott-Reiseführer

Moskau

Daniela Schily

Polyglott-Verlag München

Allgemeines

10 Wege durch Moskau

10 Wege durch Moskau

Randbezirke und Umgebung

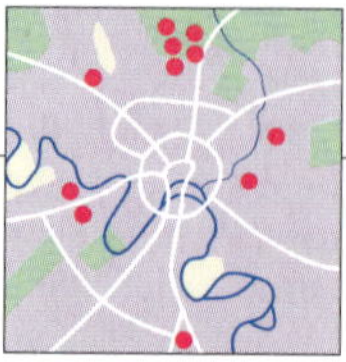

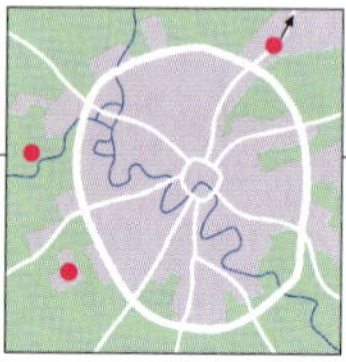

Fremde Kulturen kennenlernen und gastfreundlichen Menschen begegnen – wie sehr genießen wir das auf Reisen. Zu Hause bei uns jedoch wird mancher Ausländer von einer kleinen Minderheit beschimpft, bedroht und sogar mißhandelt. Alle, die in fremden Ländern Gastrecht genossen haben, tragen hier besondere Verantwortung. Deshalb: Lassen Sie es nicht zu, daß Ausländer diffamiert und angegriffen werden. Lassen Sie uns gemeinsam für die Würde des Menschen einstehen.

Verlagsleitung und Mitarbeiter des Polyglott-Verlages

Editorial

Wer glaubt heute noch an eine Stadt, wo auf den Kirchtürmen Zwiebeln wachsen und der zentralste Platz täglich zu Ehren eines toten Staatsmannes stundenlang gesperrt wird? Wo gigantische Wolkenkratzer neben mittelalterlichen Holzhäuschen stehen und die Straßen so breit sind, daß man kaum von der einen Seite zur anderen blicken kann? Nur derjenige, der Moskau gesehen hat. Und auch der traut seinen Augen nicht immer. Daher – nur wer glaubt, wird in Moskau selig. Er wird sich nämlich nicht wundern, wenn Alltägliches in Unerhörtes umschlägt.

Spaziergänge entwickeln sich zu Marathonläufen über maßlose „Prospekte"; Touristen „landen" schon einmal direkt auf dem Roten Platz; Politiker werden betrunken aus der Moskwa gefischt. Statt des ungerührt vorbeijagenden Taxifahrers nimmt ein Ambulanzwagen den frierenden Passanten zum Theater mit; der teuer erstandene Kaviar entpuppt sich als ordinärer Heringsrogen. Oder aber der Kaviar ist wirklich Kaviar, und selbst der Ambulanzwagen hält nicht: Moskau existiert nach dem Prinzip der unbegrenzten Unmöglichkeiten. Tröstlich nur die russische Devise: „Macht nichts, es wird schon …"

Deshalb gehört ins Reisegepäck unbedingt genügend Humor. Denn wem das Lächeln bei Minusgraden und unvorhergesehenen Ereignissen gefriert, der verliert schnell die Lust am postsozialistischen Märchenzauber. Und Moskau ist immerhin drei Viertel des Jahres eiskalt, wobei ganzjährig unberechenbar. Verlassen kann man sich mit Sicherheit nur auf eins: Im Mittelpunkt der Stadt liegt der Kreml. Doch schon an seinen Mauern verschwimmen die Konturen: hier wie Paris, dort wie Bagdad; hier das Gestern, dort das Heute, drüben das Morgen – und alles zur gleichen Zeit.

Das Gold der Kuppeln leuchtet über ganz Moskau

Die Autorin

Daniela Schily
(geb. 1967) studierte in Moskau und Berlin Russisch und Germanistik. Rußland und die ehemaligen Sowjetrepubliken sind ihr durch viele private Reisen und ihre Tätigkeit als Reiseleiterin seit Jahren vertraut. Wenn nicht unterwegs, lebt und schreibt die Autorin in Berlin.

Moskau – ein unmögliches Märchen

Einem sowjetischen Witz zufolge ist Amerika das Land der unbegrenzten Möglichkeiten, Rußland aber das Land der unbegrenzten Unmöglichkeiten. Die russische Hauptstadt scheint diesen Anspruch weiterhin in besonderem Maße einlösen zu wollen, indem sie – vom Straßenverkehr bis zum politischen System, vom alltäglichen Lebensmitteleinkauf bis zur Weltwirtschaft – widersprüchliche Prinzipien vereint und logische Gesetzmäßigkeiten völlig auf den Kopf zu stellen vermag. Die Fähigkeit, auf jähe Wendungen des Lebens spontan zu reagieren und sie in den Tagesablauf zu integrieren, ist für die Moskauer Bevölkerung unverzichtbarer Teil ihrer langbewährten (Über-)Lebensstrategie.

Lage und Größe

Als Juri Dolgoruki, Fürst von Wladimir und Susdal, im 12. Jh. bei einer Rast auf den Moskwa-Hügeln beschloß, hier eine Festung zu bauen, muß ihn gutes strategisches Gespür oder aber Fortune geleitet haben: Moskau liegt ziemlich genau in der Mitte der russischen Ebene zwischen Weißem und Schwarzem Meer und ist damit geographisch geradezu zur Hauptstadt prädestiniert. In dieser Gegend kreuzten sich die alten Handelswege von Kiew, Wladimir und Nowgorod. Später führte während der Tatarenherrschaft über das Schwarzmeergebiet auch eine zweite Seidenstraße hier entlang zur Krim und dann nach Tana an die Donaumündung.

Aus der Holzsiedlung im Wald ist eine Stadt geworden, die mit einer Fläche von 1006 km² zu den größten Metropolen der Welt zählt. Die Handelswege haben sich in Fernstraßen und Eisenbahnlinien verwandelt und Moskau zum wichtigsten Knotenpunkt des Straßen-, Bahn-, Fluß- und Luftverkehrs Rußlands gemacht.

Die Kapitale wuchs in konzentrischen Kreisen um den Kreml herum, und die Sowjetzeit hat das Ihre zur geometrischen Überschaubarkeit beigetragen. Das Stadtgebiet wurde mit einem 109 km langen Autobahnring umgeben, dessen Durchmesser ca. 35–40 km beträgt. Allerdings ist dieser Gürtel längst zu eng geworden, und die Trabantenstädte quellen weit über diese Grenze hinaus. Durch den Straßen- und Metrobau sind die alten Bezirksgrenzen in Vergessenheit geraten, die Stadt wird heute von breiten Verkehrsschneisen gegliedert. Doch auch sie führen sternförmig auf den Kreml zu.

Klima und Reisezeit

Wessen Moskaubild von eisigen Winden, Schnee und Pelzmänteln geprägt ist, der sollte seine Reise für die Monate Oktober bis April planen. Keine Angst: In den öffentlichen Einrichtungen wird den Temperaturen entsprechend geheizt. Und da in Moskau Kontinentalklima herrscht, ist der eiskalte Winter mit seinen meist trockenen und oft sonnigen Tagen eine reizvolle Reisezeit. Vorsicht allerdings vor Erfrierungen – gerade Nase und Zehen sind leichte Beute für „Väterchen Frost“. Sehr unangenehm und als Reisezeit kaum geeignet ist der Vorfrühling (März/April). Das matschig-kalte Tauwetter verwandelt harmlose Wege in gefährliche Gletscherpfade.

Die Sommer haben eine Durchschnittstemperatur von 18 °C. Oft genug wird jedoch die Ausnahme zur Regel, und das Thermometer klettert auf 30 bis 35 °C. Wer kann – und vor allem an den Wochenende können viele Moskowiter –, flieht dann aufs Land zu seiner „Datscha“, wobei er seine Spur mit dichtem Abgasnebel verschleiert.

Für jeden, der angenehm warme Temperaturen schätzt, sind die idealen Reisemonate Mai, Juni, September und Anfang Oktober.

Klima und Reisezeit

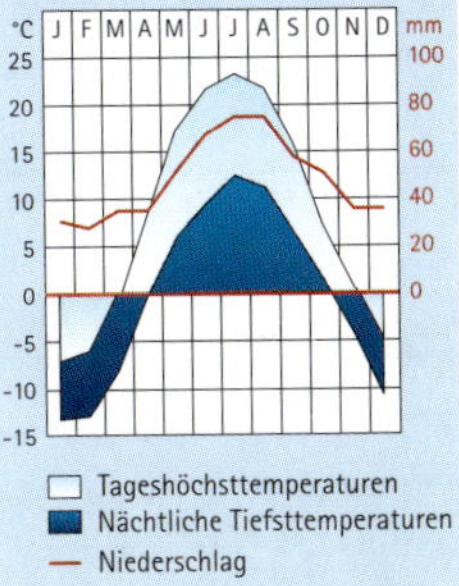

Moskau und Moskowiter

Für Rußlands Hauptstadt gilt scheinbar dasselbe Rezept wie für eine der beliebtesten Nationalspeisen, den *borschtsch:* Alles, was irgendwie Platz findet, wird zusammengemischt. Im „Stadteintopf" sind das nach inoffiziellen Schätzungen mittlerweile weit über 10 Millionen Einwohner – nicht nur Russen, auch viele Ukrainer, Juden, Tataren u. a., obwohl man nur durch Geburt oder Heirat den legalen Status eines Moskauer Bürgers erwerben kann. Und analog zur Suppe: Wer auf den Geschmack kommen will, darf sich nicht täuschen lassen, denn so abschreckend rot wie die Rote-Bete-Farbe im Kochtopf, so abschreckend ruppig wirken die Moskowiter oft auf den ersten Blick.

Wie in jeder Großstadt sind auch in Moskau die sozialen Probleme immens: Die unterschiedlichen Nationalitäten (3 Millionen Moskowiter sind Nicht-Russen) sorgen für Spannungen, wovon in den letzten Jahren u. a. die Emi-

Mehr als 9 Millionen Menschen leben im Häusermeer von Moskau

Steckbrief

Hauptstadt Rußlands
(als Staatsname gilt seit dem 25.12.1991 die Bezeichnung „Russische Förderation Rußland"; Staatsoberhaupt: Boris Jelzin, Regierungschef: Tschernomyrdin).

Einwohner: Offiziell 9 Mio., nach inoffiziellen Schätzungen mindestens 11 Mio.
89 % Russen, 2,8 % Ukrainer, 2 % Juden und 1,8 % Tataren.

Sprache: Amtssprache Russisch.

Religion: mehrheitlich russisch-orthodox.

Maler haben hier viele Motive

Metro-Alltag

Um dem Moskauer Charme auf die Spur zu kommen, kann ein aufmerksamer Blick auf das Geschehen – z. B. in den Metroschächten – hilfreich sein. Hier spielt sich ein Großteil dessen ab, was zum Alltag gehört. Das Stichwort heißt „beschaffen", da die wirtschaftliche Versorgung unzureichend ist. Man trifft sich also an und in der Metro: Die Oma aus dem Außenbezirk verkauft ein riesiges Stück Fleisch; ein ehrwürdiger Professor überreicht eine kommentierte Englischübersetzung; ein Trio von Aktentaschenträgern hält eine geheimnisvolle Konferenz hinter einer Büste ab. Die Verhältnisse ändern sich täglich, und so gehört die Koordination von mindestens drei verschiedenen Jobs zum 24-Stunden-Tag zahlreicher Moskowiter. Aber nicht nur dafür ist die Metro „kommunaler" Treffpunkt. Ob Ehefrau oder Geliebte, Jugendbande oder dritter Teilhaber beim Kauf einer Flasche Wodka – „Dann und dann am ersten Waggon der Sowieso-Station, abgemacht?" Oft ist eben diese Verabredung Auftakt zu einem jener endlosen schönen Abende, die erst um 4 Uhr morgens in einer Moskauer Küche enden. Denn russische Gastfreundschaft und die Liebe zum Feiern und Philosophieren sind ebenso grenzenlos wie die bürokratische Sturheit und Unfreundlichkeit im Dienstleistungsbereich.

gration vieler Juden zeugt. Die wirtschaftliche Situation und der gesellschaftliche Zerfall führen dazu, daß die sogenannte *intelligenzija* zunehmend das Weite sucht und sich die Jugend den leichten Erfolg der Mafia zum Vorbild nimmt. Moskau zählt zu den Städten mit der höchsten Kriminalitätsrate; 3000 obdachlose Kinder gehören zum registrierten „Armutszeugnis" der Stadt. Wohnungsnot und Enge sind zudem Ursachen für eine wachsende Scheidungs- und Alkoholismusrate.

Daß trotzdem der erste Trinkspruch in der endlosen Folge immer der weiblichen Schönheit und Klugheit gilt, ist nicht nur Kompliment für Moskaus Frauen. Er belegt Humor und Zähigkeit der Moskowiter; Eigenschaften, mit denen sie ihre Lebensgewohnheiten selbst über politisch und wirtschaftlich krisenreiche Zeiten hinweg retten.

Politik und Wirtschaft

Die politische und wirtschaftliche Situation in Moskau wird immer häufiger zynisch *katastroika* genannt. Während sich alte und neue *businessmeny* zu etablieren suchen und um die Verteilung der Marktanteile kämpfen, zermürbt sich das Parlament in Einzelfehden. Die soziale Kluft zwischen neuen Milliardären und verarmten Bürgern tritt immer deutlicher zutage, sie schürt Wut, Angst und Verzweiflung, die sich täglich zu entladen drohen. Die historischen Tage nach dem 19. August 1991, als Jelzin den Staatsstreich sowjetischer Militärs verhinderte und man ihn als Retter der zarten Pflanze Demokratie feierte, gehören zu den nostalgischen Erinnerungen. Neue Krisen rükken ihn ins Fadenkreuz der Kritik, beginnend bei der Abschaffung der unter Gorbatschow eingeführten Lebensmittelmarken, die im Dezember 1991 zu leeren Regalen führte. Viele Firmen und Betriebe lieferten nicht mehr, um ab 1. 1. 1992 auf dem freien Markt höhere Preise zu erzielen. Die folgende Preisexplosion wurde vor allem für ältere Menschen zum Fiasko: Der Preis für einen Laib Brot kletterte schlagartig von 15 Kopeken auf 25 Rubel, die Renten stiegen dagegen nur von 200 auf 900 Rubel.

Moskau ist als Hauptstadt weniger von Versorgungsengpässen betroffen als kleinere Städte. Jelzins Reformkurs führte jedoch dazu, daß schon 1991 in Rußland 31 % der Bevölkerung unter der Armutsgrenze lebten, 74 % davon waren Städter und meist alte Menschen. Durch die Privatisierung der Betriebe verloren viele Moskowiter ihre Arbeit. Die Arbeitslosenquote (während der Sowjetunion offiziell bei Null) lag Anfang 1994 in Rußland bereits bei 10 %. Gleichzeitig geht die Produktion enorm zurück, und die Verbraucherpreise steigen ins Unermeßliche, so daß viele Moskowiter an ein Funktionieren der Marktwirtschaft in ihrem Land nicht glauben mögen.

Die Moskauer Region ist durch die Luftverschmutzung der Industrie stark belastet, die diesbezüglichen Grenzwerte werden um ein Mehrfaches überschritten. Gleiches gilt für die Wasserverschmutzung durch Chemikalien.

Kein Wunder also, daß extrem linke und rechte Gruppierungen sich neuer Sympathien erfreuen und die Rufe nach einem „starken Mann", der mit Kriminalität und Chaos aufräumen soll, lauter werden. Stabil blieb nur die *tenewaja ekonomika* – die Schattenwirtschaft. Seit Chruschtschows Abgang 1964 blüht diese „sowjetische Produktionsweise", mit der kleinere und größere Al Capones auf Staatskosten in die eigene Tasche wirtschaften. Nach einer GEO-Studie von 1992 sollen „zwischen Brest und Wladiwostok"

Stalin gilt heute noch vielen Russen als Garant für Ordnung

Schirinowski – der rechte Mann?

Einer der Protagonisten des rechten Lagers ist der mittlerweile auch im Ausland berühmt-berüchtigte W. Schirinowski. Obwohl seine Partei den Namen „Liberaldemokratische Partei" trägt, propagiert dieser „Sohn einer Russin und eines Juristen" – wie Schirinowski sich selbst nennt, um seine jüdische Abstammung zu kaschieren – ein ultra-nationalistisches und antisemitisches Pogramm: Er verspricht den Russen die Wiedererlangung ihrer Selbstachtung als Herrenrasse, die Ausdehnung des großrussischen Reichs von „Kabul bis Istanbul" und daß russische Soldaten im warmen Indischen Ozean ihre Stiefel waschen würden. Sein Vokabular gemahnt an Hitlers „Mein Kampf", und tatsächlich hat Schirinowski ein inhaltlich und stilistisch fast identisches Buch unter dem unheilverkündenden Titel „Aufbruch nach Süden" geschrieben, das in Moskau derzeit hohe Auflagen verzeichnet.

5000 Mafia-Banden operieren, die sich in 200 Syndikate gliedern. Der Umsatz ihrer „Erwerbstätigkeit" soll 1990 20 % des gesamten russischen Bruttosozialproduktes ausgemacht haben!

Den Fakten aus Politik und Wirtschaft ist wenig Erfreuliches entgegenzuhalten. Dennoch darf nicht vergessen werden, daß – zumindest in Moskau – die Restaurierung von Wohnungen, Kirchen und Museen gefördert wird und ein breites Warenangebot zwar nicht billig, aber immerhin vorhanden ist.

Sprache

Das Russische unterscheidet sich vom Deutschen nicht so stark, wie es die kyrillischen Schriftzeichen und die sechs grammatischen Fälle glauben lassen. Für einen Moskaubesuch lohnt es sich daher, zumindest das Alphabet und ein paar Standardfloskeln zu lernen. Von Vorteil ist das besonders für Metrobenutzer, denn die Stationen sind ausschließlich kyrillisch beschildert.

Dem Buchstabenkundigen werden auch oberhalb der Erde Erfolgserlebnisse beschert, sei es bei der Entzifferung der Worte *bufet, konditorskaja* oder *parikmacher,* zu deutsch „Perükkenmacher" bzw. Friseur. Und spätestens bei dem immer wieder auftauchenden *remont* (Renovierung), das an halbverfallenen Läden, geschlossenen Cafés und an zahlreichen Museumsfassaden zu lesen ist, dämmert die Erkenntnis, daß Russisch eigentlich gar nicht so schwer ist.

Wer aus seinem Vokabular eventuell noch ein *dobry den* (guten Tag), *na zdorowje* (Prost), *do swidanja* (auf Wiedersehen) oder gar *dawai, dawai* (Na los! Auf gehts!) hervorkramt, erntet viel Lob von jedem Russen. Vorsicht ist jedoch bei der Anrede *towarischtsch* (Genosse) geboten! Von „Genossenschaft" hört man auf russischem Boden nicht mehr gern, weshalb künftig die offizielle Anrede wieder „Herr" und „Frau" (*gospodin* bzw. *gosposcha*) lauten soll.

Geschichte im Überblick

1147 Moskau wird erstmals in einer Chronik erwähnt.

1156 Fürst Dolgoruki gefällt der Blick vom Borowitzki-Hügel aus; er befiehlt den Bau einer Holzfestung. Den Bojaren (Fürst) Stepan Kutschka, der dort wohnte, läßt er hängen und gibt die Bojarentochter seinem Sohn zur Frau.

1237 Tataren brennen die Siedlung an der Moskwa nieder. Moskau wird zwar wieder aufgebaut, bleibt dem Großkhan jedoch tributpflichtig.

1328 Iwan I. – auch *kalita* (Geldsack) genannt – wird vom Großkhan als Großfürst eingesetzt. Er verlegt seinen Sitz von Wladimir nach Moskau. Auch der Metropolit läßt sich in Moskau nieder. In der Stadt leben nun etwa 30 000 Menschen.

1341–1389 Iwan Kalitas Nachfolger erobern weite Gebiete, u. a. besiegen sie die „Goldene Horde". Zwar schlägt das Mongolenheer zwei Jahre später vernichtend zurück und brennt Moskau nieder, aber der „Sieg über die Ungläubigen" wird zum Symbol des nationalen Unabhängigkeitsstrebens.

1462–1505 Iwan III. vollendet während seiner 43jährigen Amtszeit die „Sammlung der russischen Erde" und kürt sich zum „Zar von Moskau und ganz Rußland". Sein taktisches Geschick und sein politischer Weitblick sorgen für Stabilität und zunehmenden Einfluß Rußlands. Durch die Heirat mit Sophia, der Nichte des letzten byzantinischen Kaisers, sichert er Moskau die Nachfolge als „Sitz des Christentums". Aus Westeuropa und ganz Rußland ruft er Künstler und Architekten in die Kapitale, die mit der Neugestaltung Moskaus beginnen.

1538 Der Stadtbezirk der Kaufleute Kitaj Gorod (mittlere Stadt) wird mit einer Ziegelmauer umgeben.

1547–1584 Iwan IV. begünstigt bahnbrechende kulturelle Erneuerungen (Buchdruck, erste schriftliche Rechtsvorschriften, Chormusik, Bau der Basilius-Kathedrale), sorgt für die Expansion der Staatsgrenzen und wird wegen seiner Grausamkeit berühmt-berüchtigt.

1584–1612 Erbstreitigkeiten, Hungersnöte und soziale Unruhen führen zu einer Zeit der Wirren. Erneuerungen beschränken sich auf Schutzwälle, die Boris Godunow um Moskau errichten läßt. Dennoch wird die Stadt von einem angeblichen Sohn Iwans IV. aus Polen weitgehend zerstört; seine Mannen verbünden sich mit russischen Rebellen, bis die spätere Zarenfamilie Romanow den polnischen Kronprinzen als Zar von Rußland anerkennt.

1612 Das russische Heer erobert Moskau zurück; der 16jährige Michail Romanow wird zum Zaren gewählt, die Stadt wieder aufgebaut. Tuch-, Papier- und Ziegelmanufakturen entstehen, der blühende Handel zieht immer mehr Menschen in die Stadt, die bereits über 100 000 Einwohner zählt.

1652 Auf Betreiben der Kirche müssen alle Nicht-Russen in die *Nemezkaja Sloboda* (deutsche Vorstadt) im Osten Moskaus ziehen.

1671 Stenka Rasin, Anführer und Held eines Volksaufstandes, wird auf dem Roten Platz hingerichtet.

1689–1725 Peter I. macht das neugegründete St. Petersburg zur Hauptstadt. Mit ihm ziehen Beamte, Adlige und Kirchendiener an die Newa. Die Moskau-Treuen opponieren gegen seine „Modernität", zumal neben Hygiene-, Bau- und Verkehrsvorschriften Pflichten wie das tägliche Rasieren zur Auflage gemacht werden. Das Verbot, außer Petersburg keine Stadt aus Stein zu erbauen, weckt den Neid Moskaus.

Iwan III. ernannte Moskau zur Hauptstadt Rußlands

Im Streit tötete Iwan der Schreckliche seinen Sohn

Der Brand von Moskau 1812 war ein nationales Trauma

Geschichte im Überblick

1755 Gründung der Lomonossow-Universität in Moskau.

1773–1775 Die soziale Kluft zwischen Adligen, Arbeitern und Bauern ist unübersehbar. Verschwendung und Luxus auf der einen, Armut, Not und Unterdrückung auf der anderen Seite führen zu einem Bauernaufstand, der jedoch von Regierungstruppen niedergeschlagen wird; der Bauernführer Pugatschow wird hingerichtet.

1786/87 Durch Umlenkung der Moskwa entsteht südlich des Kremls eine Insel. Ein Jahr später werden Trinkwasserleitungen verlegt.

1812 Erneute „Feuerprobe" für Moskau: Napoleon besetzt die Stadt. Ein Großbrand vernichtet zwei Drittel der Häuser. Doch ein eisiger Winter, Hunger und ausdauernder Widerstand der russischen Armee sorgen dafür, daß Napoleons Soldaten zurückziehen; Wiederaufbau ihrer Stadt.

1816/26 In Moskau und St. Petersburg planen geheime Gruppierungen adliger Revolutionäre (sog. *Dekabristen*) einen Aufstand, um eine Verfassungsänderung und die Abschaffung der Leibeigenschaft durchzusetzen. Sein Fehlschlagen hat eine verschärfte geheimpolizeiliche Überwachung zur Folge; Nikolaus I. erhält den Beinamen „Gendarm Europas".

1851 Eröffnung der Eisenbahnlinie Moskau–St. Petersburg.

1861 Alexander II. hebt die Leibeigenschaft auf. Doch die unveränderten Eigentumsverhältnisse lassen viele landlose Bauern nach Moskau strömen, es kommt in ganz Rußland zu Bauern- und Studentendemonstrationen, die von Regierungstruppen niedergeschlagen werden.

1890 Einführung der elektrischen Straßenbahn in Moskau.

1905 Depression und Hunger infolge des verlorenen Russisch-Japan. Krieges lassen Rufe nach einer neuen Verfassung und Neuverteilung des Eigentums laut werden. Infolge des brutalen Einschreitens der Zarentruppe bei einer Arbeiterdemonstration in St. Petersburg (am sog. *Blutsonntag*) kommt es in Moskau und ganz Rußland zu Unruhen, an denen sich erstmals alle Bevölkerungsschichten beteiligen; die ersten Arbeiter- und Soldatenräte entstehen. Der Zar erklärt sich bereit, ein allgemeines Wahlrecht einzuführen, behält sich jedoch das Recht zur Auflösung der gewählten Duma vor.

1914 Ausbruch des 1. Weltkrieges.

1917 Februarrevolution. In den Petersburger Putilow-Werken kommt es erneut zum Aufstand. Doch diesmal verweigern die Soldaten des Zaren den Gehorsam und solidarisieren sich mit den Streikenden. Der Zar dankt ab, eine neue Duma bildet mit den Räten die erste Provisorische Regierung. Im Oktober ergreifen die Bolschewiki in einer weiteren Revolution die Macht, Lenin wird erster Regierungschef der Sowjetunion. Bürgerkrieg und Unruhen dauern noch drei Jahre lang an.

1918 Moskau wird Regierungssitz.

1920–1930 Zeit der künstlerischen Avantgarde.

1922 Moskau wird Hauptstadt der UdSSR.

1924 Tod Lenins. Stalin läßt ihm auf dem Roten Platz ein Mausoleum erbauen, das zu einem Wallfahrtsort der Sowjetbürger wird.

1935 Der 1. Generalplan zur Neugestaltung Moskaus wird aufgestellt: Das Ringsystem mit den Radialstraßen wird ausgebaut; der Moskwa-Wolga-Kanal entsteht. Neubau von Brücken; Eröffnung der ersten Metrolinie.

1931–1953 Stalinismus. Zwangsumsiedlungen, Arbeitslager und „Säuberungsaktionen“ in Partei, Armee und Bevölkerung verdrängen die Reformideen des Kommunismus und beschwören Terror und Furcht herauf.

Der Sozialistische Realismus wird zur einzigen politisch erwünschten Kunstform erklärt, viele Avantgardisten emigrieren. Mit dem 2. Generalplan für Moskau wird der Bau von Hochhäusern im Zuckerbäckerstil beschlossen.

1941 Hitler bricht den Nichtangriffspakt und dringt mit seinen Truppen bis Moskau vor. Die Stadt wird belagert, doch der einbrechende Winter und der russische Gegenstoß im Dezember zwingen die Deutschen zum Rückzug.

1953–1964 Chruschtschow-Periode. Auf das „eisige Stalinschweigen“ folgt ein zögerliches Tauwetter. 1956 wird auf dem XX. Parteitag der KPdSU der Personenkult um Stalin entlarvt, Millionen unschuldig Verurteilter werden rehabilitiert. Mit der nachfolgenden Regierungsperiode Breschnews ist diese Entwicklung beendet, die Politik verfällt in jahrelange Stagnation.

1961 Gagarin wird in Moskau als erster Raumfahrer gefeiert.

1970 Der „Moskauer Vertrag“ über Gewaltverzicht wird von Brandt/Scheel und Kossygin/Gromyko unterzeichnet.

1980 XXII. Olympische Spiele in Moskau, von den westlichen Staaten aus Protest gegen den sowjetischen Einmarsch in Afghanistan boykottiert.

1985 Michail Gorbatschows Reformen, die Aufhebung der Pressezensur, Abrüstungsvorschläge und die Beendigung des Afghanistan-Kriegs sorgen im In- und Ausland für Aufsehen und Aufbruchstimmung. Seine Politik von *glasnost* und *perestroika* führt in fast allen sozialistischen Staaten zum Sturz

Mit Lenin brachen in Moskau neue Zeiten an

Auch Frauen zogen in den Krieg gegen Hitler-Deutschland

Abrüstungsgespräche sorgten für Entspannung zwischen den Ost-West-Fronten

Geschichte im Überblick

kommunistischer Parteifunktionäre. In Rußland mischt sich in die euphorische Stimmung bald Angst und Mißtrauen, da soziale und wirtschaftliche Unsicherheit Folgen der Umgestaltung sind.

1991 Konservative Putschisten versuchen, gewaltsam die Macht an sich zu reißen. In Moskau rettet Jelzin schließlich die Lage und wird zum neuen Favoriten für den Regierungsvorsitz. Ende des Jahres tritt Gorbatschow zurück und erklärt die Sowjetunion für aufgelöst.

1992 Unabhängigkeitsbestrebungen und wachsender Nationalismus lassen die früheren Unionsrepubliken auseinanderdriften; es kommt dort wiederholt zu Machtkämpfen und Bürgerkriegen. Auch in Rußland wird die Lage nicht stabiler; der wirtschaftliche Niedergang und politische Zwistigkeiten stärken erneut die „ewig Gestrigen". Ende des Jahres geht Jelzin ein Bündnis mit „zentristischen" Kräften ein und opfert seinen Ministerpräsidenten Gajdar, dessen von sozialen Härten begleiteter Reformkurs ihm die Kritik aller Parteien eingetragen hatte.

1993, Oktober. Jelzin übersteht einen zweiten Putschversuch von Stalinisten und Nationalisten und setzt Termine für Parlamentswahlen (Dezember 93) und Präsidentschaftswahlen (Herbst 94) fest.

1994 Wirtschaft und Politik stecken in der Krise; Kriminalität und Verarmung nehmen zu. Reformfeindliche Oppositionsparteien werden zur Bedrohung der jungen Demokratie.

Im Juli 1994 kehrt der Schriftsteller *Alexander Solschenizyn* nach zwanzigjährigem Exil nach Rußland zurück, um sich für sein „ins Unglück geratenes Volk" einzusetzen.

Kultur gestern und heute

Architektur

Bis ins 19. Jh. hinein bestand die Mehrzahl der Häuser aus Holz, obwohl im 15. Jh. auch Stein- und Ziegelbauten errichtet wurden. Allerdings waren Steine den Sakralbauten des Kremls (der ersten Festung im Moskauer Gebiet), Fürsten und reichen Kaufleuten vorbehalten, da sie mühsamer zu beschaffen waren als die in der waldigen Ebene zahlreichen Baumstämme.

Zum Material paßte der *Moskowitische Architekturstil* des 15. und 17. Jhs. mit seinen Zwiebeltürmchen, die um eine größere Kuppel gruppiert sind; solche Kirchen prägen bis heute das Stadtbild. Dazwischen zeugen Beispiele aus Renaissance, Barock und Klassizismus vom Wirken westeuropäischer Architekten. Dennoch zeigen alle Bauten eine unverkennbar russische Note, die von dem Italiener *Aristotele Fioravanti* entworfene Mariä-Himmelfahrts-Kathedrale im Kreml ist ein glänzendes Beispiel für dieses Zusammenspiel: Als Fioravanti 1475 nach Moskau kam, stand die Renaissance in Italien in voller Blüte, Modell für die Kathedrale jedoch sollte auf Befehl des Zaren das Gotteshaus in Wladimir sein.

Auch der *russische* oder *Naryschkin-Barock* trägt russische sowie westeuropäische Züge; ebenso der russische Jugendstil, wobei der *stil modern* durch seine konstruktivistischen Elemente strenger wirkt als sein Pariser, Wiener oder Berliner Pendant.

Von den unzähligen Architekten, die das Moskauer Stadtbild prägten, machten sich in der klassizistischen Periode vor allem *Kazakow, Baschenkow* und *Schechtel* einen Namen; die im russisch-historisierenden Stil errichteten

Gebäude (u. a. viele Bahnhöfe) gehen dagegen oft auf den Architekten *Thon* zurück. Von *Schtschussew* stammt der monumentale, aus Beton, Stahl, Glas und Marmor erbaute große Kremlpalast, ebenso das Lenin-Mausoleum.

Die „Sieben Schwestern" sind architektonische Denkmäler der Stalinzeit. Ihre stalagmitenähnliche Form wird von zynischen Moskowitern auf das Rarwerden des Ziegelmaterials zurückgeführt. Rund um den Moskauer Stadtkern angeordnet, dienten sie, wie die Betonbauten der Außenbezirke, der schnellen Lösung der Wohnungsfrage.

Ein kaum beachtetes Wahrzeichen der Avantgarde-Architektur versteckt sich unweit des Arbat: Die Wohnung des Architekten *Konstantin Melnikow* besteht aus zwei weißen, ineinandergeschachtelten Zylindern mit wabenförmigen Fenstern. Obzwar das Werk nach Melnikows Aussage Ähnlichkeit mit einem Getreidesilo aufweisen soll, mißfiel es 1927 Stalin derart, daß er dem Künstler sämtliche Aufträge entzog.

Alt und Neu treffen in Moskau in scharfen Kontrasten aufeinander

Vergeistigt blickt „Der Erlöser" von Andrei Rubljow

Malerei

Der Beginn der russischen Malerei ist eng mit der Kirche verwoben: Die Kunst der Ikonenmalerei (s. S. 37) ist weltweit einzigartig und wurde nur in wenigen Schulen unter strengster Geheimhaltung weitergegeben; ihre bedeutendsten Beispiele stammen aus dem 14./15. Jh. – u. a. von dem berühmten Mönch *Andrei Rubljow*.

Mit der an Westeuropa orientierten Politik Peters I. begann im 17. Jh. eine Epoche russischer Bildkunst unter ausländischem Einfluß. Erst im 20. Jh. schlug die russische Moderne mit der abstrakten Malerei erneut eigene Wege ein. *Larijonow, Gontscharowa, Tatlin, Malewitsch* und *El Lissitzky* haben diese Stilrichtung weltweit berühmt gemacht – ganz zu schweigen von *Chagall, Jawlensky* und *Kandinsky*. Ziel der Avantgardisten war es, die Kunst von Vorschriften und Traditionen zu „be-

Engel und Heilige geleiten den Weg ins Gotteshaus

freien“ und ihr durch Farbe, Form und Ausdruck – nicht durch Themen – Bedeutung zu geben.

Unter Stalin verließen viele Künstler Rußland, da der Apparat von der Vielfalt der Stile nur den politisch motivierten Sozialistischen Realismus gelten lassen wollte. Einge allerdings arbeiteten im Untergrund weiter, und so tauchte im Zuge der perestroika ein reiches Angebot moderner Malerei auf, das in der renommierten Galerie „Guelmanns“, aber auch an jeder Straßenekke zu besichtigen und erwerben ist.

Literatur

Für Moskau ist es immer noch typisch, daß in Bus oder Metro, beim Schlangestehen oder auf der Parkbank fast jeder ein Buch vor der Nase hat. Und ob Taxifahrer, Akademiker oder Geschäftsmann – eine Unterhaltung ist stets mit Zitaten oder Anekdoten aus der russischen Literatur gewürzt. Die Klassiker *Puschkin* (1799–1837, s. S. 64), *Tolstoi* (1828–1910, s. S. 65/66), *Gogol* (1809 bis 1852) und *Dostojewski* (1821–1881) müssen am häufigsten herhalten: Sei es, daß ihre Texte seitenlang (auswendig!) deklamiert werden, sei es durch witzelnde Anspielungen auf skurrile Eigenheiten ihrer Person oder ihrer Helden. Oft ist ein Schuß Selbstironie im Spiel, denn alle genannten Schriftsteller beeindruckten durch ihre hintersinnige Darstellung der russischen Gesellschaft und Mentalität. *Puschkin,* Begründer der russischen Literatur und Verfasser von 1001 Werken, ist mittlerweile selbst zum geflügelten Wort geworden; so lautet die rhetorische Frage, wenn etwas nicht erledigt wurde: „Wer soll das machen? Puschkin etwa?“

Das Leserepertoire der Russen beschränkt sich aber nicht auf die Klassiker. Sowohl die Vertreter des Symbolismus (*Bely* 1880–1940, *Blok* 1880–1921, u. a.) als auch die Werke der ersten Sowjetperiode (*Majakowski* 1895–1930, s. S. 49) sind den meisten Moskauern geläufig. Ebenso wie die Maler der Avantgarde suchten diese Dichter eine neue Kunst jenseits von Tradition und Regelkanon zu schaffen. Oft idealisierten und propagierten sie die Revolution – tragischerweise wurden viele von ihnen in der Sowjetära geächtet, exekutiert oder verbannt. Doch obwohl in der Periode des *Sozialistischen Realismus* politisch unliebsame Werke in Bibliotheken und Geschäften nicht erhältlich waren, haben viele Moskauer via Untergrundpresse längst alles von *Solschenizyn, Bulgakow, Brodsky* oder *Nabokow* gelesen und kaufen jetzt ihre Lieblingslektüre wegen der besseren Druckqualität in gebundener Form.

Ohne Zensur fehle der Literatur heute die Sprengkraft – sollte man meinen. Trotzdem gibt es immer wieder „Geheimtips“, die diskutiert und viel gelesen werden. Selbst ausländische Literaturliebhaber horchen auf, wenn *Viktor Jerofejew* in der Zeitschrift „Vogue“ von seinen Zeitgenossen schwärmt: „*Dmitri Prigow* oder *Lew Rubinstein.* Das sind Dichter, die Sie lesen müssen. *Jewgenij Popow* und *Sorokin* sind großartig ... Sie kennen keinen von ihnen? Das ist schade. Sie bringen sich um die schönsten Genüsse.“

Theater

Das russische Theater war schon vor dem 2. Weltkrieg weit über die Landesgrenzen hinaus berühmt und geachtet. *Gorkis* „Nachtasyl“ (1868–1936, s. S. 58) und *Tschechows* „Kirschgarten“ (1860–1904) gehören auf europäischen Bühnen inzwischen zum klassischen Programm. Auch jüngere Stükkeschreiber sorgten für Aufsehen: der witzig-absurde *Daniil Charms* (1905 bis 1944), der während der Leningrader Blockade verhungerte, oder der Satiriker *Michael Bulgakow* (1891–1940).

Und die Angebotspalette in Moskau wird von Tag zu Tag größer: Klassik und viele der zu Sowjetzeiten verbotenen Stücke sorgen für ein reiches Programm, das Touristen trotz der Sprachbarriere nicht versäumen sollten.

Musik

Kenner, denen im Berliner Hotel Kempinski brillante Technik und russischer Akzent des Barpianisten auffallen, werden in ihrer Ahnung bestätigt: Hier spielt ein emigrierter Moskauer Philharmoniker. Wie tausend andere russische Musiker verdingt er sich im westlichen Musikbetrieb. Doch obwohl viele der begabten und virtuosen Künstler der Heimat den Rücken gekehrt haben, ist der Standard in Rußland weiterhin sehr hoch.

Im Gegensatz zur Klassik hat der russische Rock lange ein Underground-Dasein geführt. Doch mit der *perestroika* etablierte sich eine „normale" Rocksze-

Puschkin gilt als Begründer der russischen Literatur

Veranstaltungs- und Festkalender

Die Sowjetunion war mit Feiertagen nicht gerade gesegnet; „Besserung" verspricht die Tendenz, religiöse Feste zu beleben. Wer wann feiert, entscheidet sich jedes Jahr neu, der Festkalender nimmt seit der politischen Wende geradezu anarchische Züge an. Einige Feste liegen anders als in Mitteleuropa!

Neujahr: 1. Januar. Mischung aus Weihnachten und Silvester, „Väterchen Frost" verteilt die Geschenke.

Weihnachten: 7. Januar, seit 1991 Feiertag, einige feiern außerdem am 24./25. Dezember Christi Geburt.

Altes Neujahr: 14. Januar, ähnlich unserem Silvester.

Internationaler Frauentag: 8. März, Frauen erhalten Blumen und Geschenke.

Ostern: (März/April): Nach sechswöchiger Fastenzeit und dem fünfstündigen Gottesdienst beginnt der Ostersonntag mit einem ausführlichen Frühstück: Fleisch, Alkohol und Milchprodukte werden erstmals wieder aufgetischt. Segnung der bemalten Ostereier und der Osterkuchen durch den Priester.

Tag der Arbeit: 1. Mai

Tag des Sieges im „Großen Vaterländischen Krieg" (1941–45): 9. Mai

Unabhängigkeitstag: 12. Juni

Festivals

Dezember/Januar: Kulturfestival „Russischer Winter"; Silvesterkonzert im Konservatorium.

Mai: „Moskauer Sterne" – Kunst- und Musikfestspiele.

Alle zwei Jahre findet im Sommer ein großes **Ballett- und Kinofestival** statt. Alle vier Jahre können Klavierspieler/innen aller Länder ihr klassisches Musik-Repertoire beim **Tschaikowski-Wettbewerb** unter Beweis stellen. Auskunft (für Musiker und Zuschauer) in einigen deutschen Reisebüros (Lernidee-Reisen, Berlin) oder in Moskau bei Intour-Service und Globus-Reisen. Auch für die anderen, bei Moskowitern wie Touristen sehr beliebten Festivals sollte man Karten (möglichst schon vor Antritt der Reise) über ein Tourismus-Büro reservieren.

ne, die von HipHop bis Heavy Metal alle Bedürfnisse befriedigt. Gesungen wird oft in Russisch, Englisch ist aber auf dem Vormarsch. Einige Gruppen – wie „Nautilus Pompilius", „DDT" oder „Pop Mechanika" – mischen westliche Rockklänge mit schrägem russisch-östlichem Ethno- und Noise-Sound; das Resultat ist eine etwas düstere Angelegenheit, die nach mehrmaligem Anhören dennoch ihren Reiz entfaltet. Nicht gerade düster, wenngleich mitunter bizarr sind die Töne, die aus Moskauer Jazzclubs dringen. Hier haben – neben vertrautem Swing und Bebop – eigenständige Mischungen aus Freejazz, Volksmusik Klassik überdauert.

Film

Erwähnen Sie einem Russen gegenüber „Stierlitz", und er wird Sie nach fünfminütigem Gelächter mit einem Wortschwall überschütten. Der Grund ist eine 10teilige Agentenserie aus den 70er Jahren, die Breschnew so gut gefiel, daß er den russischen James Bond stets aufs neue über die Fernsehschirme und Kinoleinwände jagen ließ. Die Russen haben das nicht vergessen, und in Anekdoten, ironischen Verdrehungen und Anspielungen wurde der Kinoheld zum Denkmal der Filmunkultur des *Sozialistischen Realismus.*

Daß der Einfluß *Sergej Eisensteins* („Panzerkreuzer Potemkin") auf den modernen Film gewaltig war, hat sich auf allen Kontinenten herumgesprochen. Es existiert aber eine subtilere Variante des russischen Films, die in ihrer Heimat erst jetzt hervorgeholt wird: *Andrei Tarkowski,* Magier und Mystiker der Kinoleinwand, war früher nur im Ausland berühmt, seine Filme lagerten jahrzehntelang im „Giftschrank". Dementsprechend voll war es in den Moskauer Kinosälen, als im Zuge der *perestroika* Filme wie „Andrei Rubljow" und „Nostalgia" liefen. Das allabendliche Filmangebot hat allerdings heutzutage wenig mit der ruhmreichen Vergangenheit zu tun: Da sind, wie andernorts, Eddie Murphy, „Rambo" und andere Kassenschlager aus Hollywood inseriert – das macht zumindest die Programmlektüre einfach.

Flatternde Beine

Die Geburtsstunde des klassischen Balletts wird von einer anrührenden Anekdote bezeugt: Im 19. Jh. eroberte die italienische Ballettänzerin *Maria Talione* die Herzen russischer Zuschauer, weil sie dank einer anatomischen Besonderheit ihrer Füße einige Sekunden auf den Zehenspitzen zu „flattern" verstand. Bis dahin waren Ballettvorführungen pantomimischer Schreittanz. Die sensationelle „Spitzendarstellung" durch die Italienerin stellte für die russische Primaballerina und Ehegattin des Ballettmeisters *Marius Pepita* eine kaum zu verkraftende Schande dar. Natürlich wollte sie besser sein und heckte eifersüchtig einen geschickten Plan aus: Sie steckte zwei Ballettschuhe verschiedener Größe ineinander, gab ein bißchen Klebstoff und einige Hammerschläge auf die Schuhspitze – und hatte den ersten Ballettschuh erfunden, mit dessen solider Spitze es möglich wurde, die „Flatterkunst" zu vervollkommnen. Schnell folgten Tutus und Flugnummern, begleitet von eigenen Kompositionen, wie 1877 *Tschaikowskis* „Schwanensee", die in Petersburg und Moskau uraufgeführt wurden und das „Ballet de Russes" weltweit berühmt machten. Bis heute hat sich weder an der Beliebtheit noch an der klassischen Ausrichtung des Balletts viel geändert. Und obwohl die Qual der Zehen- und Appetitbeherrschung nicht geringer geworden ist, träumen Tausende von Kindern (bzw. ihre Eltern) von einer Karriere am Bolschoi-Theater.

Botwinja und Blini

Grundsätzlich: „Ausgehen" wird in Moskau erst allmählich modern. Doch haben sich in letzter Zeit immer mehr Restaurants, Cafés und Bistros etabliert, von denen nicht nur Touristen zehren. Billig ist das kulinarische Vergnügen nicht, auch wenn der erste Blick auf das *menju* (Speisekarte) täuschen mag: Häufig ist die Mehrwertsteuer in Höhe von 20 % nicht im Preis enthalten; hinzu kommen die Stadtsteuer von noch einmal ca. 3 % und, wo angebracht, ein Trinkgeld von rund 10 %. Preise sind fast immer in DM oder Dollar angegeben und werden zum jeweiligen Tageskurs „umgerubelt". Wer im größeren Kreis speisen will, sollte auf jeden Fall reservieren.

Mahlzeiten: Die erste Bekanntschaft mit der traditionellen Küche mag für den verwöhnten Gaumen enttäuschend sein. Die deftigen Gerichte sind großzügig portioniert und ein klein wenig schlichter als die französichen Küche.

Das morgendliche **Frühstück** ist oft bereits sehr üppig: Zu Brot, Marmelade, Honig und Eiern gibt es *blini* (gerollte Pfannkuchen), Würstchen, Schinken, Käse und Wurst. Außerdem Ölsardinen, Joghurt oder *kascha* (Brei).

Das **Mittag- und Abendessen** besteht aus mehreren Gängen. Zugreifen heißt es beim vielfältigen Angebot von kalten Vorspeisen *(sakuski)*. Sie spielen in der russischen Küche eine zentrale Rolle: Hat man reserviert, wird sich beim Eintreffen der Tisch bereits unter der Last appetitlich anzusehender Schälchen und Platten mit Fisch, Fleisch, Wurst und Kaviar sowie delikaten Salaten und frischen Kräutern biegen.

Zum „Vorab" gehören *borschtsch* (Rote-Bete-Fleischsuppe), *schtschi* (Kohl-

In Rußland biegen sich die Tische unter der Last der Speisen

Auf den Märkten bieten Kaukasier Obst und Gemüse an

Tip

Preisgünstige Cafés und Bistros:

Patio Pizza, Wolchonka ulitsa 13 a, ☎ 201 50 00. $

Pinguin Bar und Bistro, Leninski prospekt 37. $

Viktoria („Hard Rock") Café, Krymsky Wal 9 (Gorki Park), ☎ 237 07 09. $

U Magarity, Rylejewa ulitsa 9/5, ☎ 291 60 63. $

Außerdem gibt es diverse Kneipen in der Arbat-Fußgängerzone und in der Petrowka ulitsa.

suppe) oder *botwinja* (kalte Suppe mit geräuchertem Fisch, Rettich oder Gurken, Lauch und Kwas) – für jeden Suppenfreund ein unbedingtes Muß. Die Hauptgerichte bestehen meist aus einem großen Stück Fleisch, Huhn oder Fisch mit Pilzen, wenig Gemüse und viel Kartoffeln oder Reis. Als Nachtisch nicht zu verachten: alle Formen von *blini* und süßen Teilchen. Sowohl in Restaurants als auch auf der Straße bekommt man eine der beliebtesten Spezialitäten: *pirogi*, die mit Fleisch, Käse oder Gemüse gefüllten Teigtaschen.

Getränke

Zu einer guten russischen Unterhaltung wie zu jeder Mahlzeit gehört ein Getränk – ob es nun der obligatorische, mit Marmelade oder Kandis getrunkene Tee ist oder Wein, Sekt und Wodka, hängt mehr vom persönlichen Geschmack als von der Tageszeit ab.

Im Sommer sollte man unbedingt den auf der Straße angebotenen *kwas* probieren. Dieses erfrischende Getränk aus gegorenem Brot war lange die nichtalkoholische Alternative zum raren *pivo* (Bier). Derzeit wird *kwas* allerdings zunehmend von Cola verdrängt.

Not macht bekanntlich erfinderisch: Wegen des früheren „Defizits" und der gegenwärtigen Verteuerung von Spirituosen braut manch ein Moskauer Trinkbruder seine eigene Mischung. Der Schriftsteller Wenedikt Jerofejew gibt in seiner „Reise nach Petuschki" seitenlange Anweisungen für solche „Cocktails", u. a. das Rezept für die sog. „Komsomolzenträne" (Lavendel, Rasierwasser, Nagellack, Mundwasser und Limonade); die Zutaten sprechen für sich und mögen als Warnung dienen, (auch heute) nicht unbedenklich jederzeit „Brüderschaft" zu trinken.

Tafeln mit Tradition

Byloe, Petrowka ul. 16, ☏ 262 09 85. Das zentrale Kellerrestaurant „Die Gestrigen" konserviert auf ironisch-humorvolle Weise kleine Details der Vergangenheit: Diverse Lenin-Attribute, Verbotsschilder und ungerade Rubelpreise sorgen für Atmosphärisches. In Form des Lendenbeefsteaks „Von Parteitag zu Parteitag" kann man sich Sowjetkultur einverleiben. $$$

Kropotkinskaja 36, Preschistenka ul. 36, ☏ 201 75 00. Moskaus ältestes Privatrestaurant („Kooperative") hat sich seinen guten Ruf dank Service, Eleganz und der feinen russischen Küche bewahrt. $$$

U Babuschki, Bolschaja Ordynka ul. 42, ☏ 230 27 97. Kleines, gemütliches Restaurant, das von zwei ehemaligen Schauspielerinnen geführt wird. Bei der Rservierung kann man gleich das individuelle Menü absprechen. Unbedingt Piroggen verlangen! $$$

U Pirosmani Cafe, Nowodewitschi projesd 4, ☏ 247 19 26. Die georgische („grusinische") Küche genießt unter den ausländischen Restaurants in Moskau den besten Ruf. Spezialitäten wie *Huhn tabaka* (plattgeklopftes Hühnerfleisch, mit Knoblauch, Zwiebeln und Tomaten geröstet) und *khatschapuri* (Teigtaschen mit Käsefüllung) sind empfehlenswert, dazu passen die eher süßen georgischen Weiß- und Rotweine ausgezeichnet. $$$

U Yusefa, Dubinskaja ul. 11/17, ☏ 238 46 46. Das einzige jüdische Restaurant Moskaus ist nicht nur dank seiner Steintopfdelikatessen und der Hausspezialität „Gefilte Fis" (gefüllter Fisch) beliebt: Der Herr Josef persönlich und die jiddische Volksmusik sorgen allabendlich für Unterhaltung und Wohlbefinden der Gäste. $$$

Gut und erschwinglich

Anker, im Palace Hotel, Twerskaja-Jamskaja ul. 19, ☏ 956 85 06. $$
Baku-Livan-Nasr, Twerskaja ul. 24, ☏ 299 85 06 oder 299 23 22. $$
Le Romanoff im Baltschug Kempinski, Baltschug ul. 1, ☏ 230 65 00, FAX 230 65 02. $$
Nemetskaja Sloboda, Baumanskaja ul. 23, ☏ 267 44 76. $$

Einkaufen

Wurde „Einkaufen“ noch vor kurzem mit „Ergattern“ assoziiert, tönt jetzt ein neues magisches Wort durch Moskaus Straßen: „Business“. Auf märchenhafte Weise wurde dadurch aus der Metropole der Warteschlangen und leeren Regale ein Handels- und Kioskparadies. Nun sind für alle, die es sich leisten können, Schweizer Schokolade und unzählige Sorten westlicher Lebensmittel zu finden – ach ja: einheimische Produkte auch.

Generell gilt: Das Angebot hat an den verschiedensten Orten verschiedenste Preise, und nicht immer sagt die Bezeichnung eines Geschäfts etwas über das Warenangebot aus: So kann im **Haus des Kindes** „das Kind im Mann“ eine teure amerikanische Limousine erstehen oder ein Literaturliebhaber das **Haus des Buches** mit italienischen Schuhen verlassen. Kinderspielzeug und -kleidung finden sich an anderer unerwarteter Stelle – etwa im Computergeschäft oder Milchladen.

„Business“ hat längst über die staatlichen Geschäfte **GUM** und **ZUM** hinaus die Stadt erobert, an allen Ecken werden Kaufhäuser gebaut. Kaufleute, die nicht genug Geld für ein Steinhaus haben, greifen auf traditionelles Baumaterial zurück: Holzbuden säumen die großen Straßen oder ducken sich vor Metrostationen. Manchmal wird das Warenangebot einfach an günstiger Stelle in die Höhe gehalten oder auf einem Klapptisch ausgebreitet: Kartoffeln, Stiefel, Zigaretten, aber ebenso wertvolle Kunstbücher oder Ikonen. Daß eine Babuschka ihre Haushaltsgeräte verkauft, gehört zur neuen Zeit.

Kaufhäuser und Passagen

GUM, Roter Platz 3, ⏲ Mo–Sa 8–21 Uhr. Moskaus größtes zentrales Einkaufsparadies beherbergt vor allem

Erholung im Café von all den Sehenswürdigkeiten

Für Küche und Keller daheim

Kaviar ist mittlerweile zwar an jedem Kiosk zu bekommen, dann aber nicht immer „bekömmlich“. Unbedingt sollten Sie auf das Herstellungsdatum achten!

Weitere **Delikatessen**: Krimsekt, guter Wodka („Moskowskaja“, „Stoliznaja“), georgische (grusinische) und armenische Wein- und Kognaksorten, Tee, georgischer *Sulugumi*-Käse, armenischer *basturma* (magerer geräucherter Schinken in scharfer Kräuterkruste), kaukasische Weintrauben oder Walnüsse in süßem Mantel. Alle diese Leckereien lassen sich sowohl in den großen „Gastronom“-Geschäften als auch auf den wöchentlich stattfindenden Märkten erwerben.

Westfirmen, Cafés, Pizza- und Souvenirstände. Mit drei Galerien, Springbrunnen und dem Glasdach ähnelt das Kaufhaus einem Palast.
ZUM, Petrowka 2, ⌚ Mo–Sa 8–21 Uhr. Die zweite Einkaufsadresse der Sowjetära hat den Sprung zu Glanz und Glimmer nicht ganz geschafft. Das Angebot besteht zur Hälfte aus russischen, zur Hälfte aus Westprodukten.
Detski mir, Teatralny projesd 5, ⌚ Mo–Sa 8–19 Uhr. Moskaus Kinderkaufhaus ist heute ein „Gemischtwarenladen". Trotzdem kann man drinnen – und vor der Türe, wo russische Mütter Second-hand-Ware anbieten – schöne Spielwaren, Schulbedarf und Kinderkleidung erstehen, oft konkurrenzlos billig.
Petrowski-Passage, Petrowka ul. 10, ⌚ Mo–Sa 9–20 Uhr. „GUM-Architektur" und westliche Warenpracht. Italienische Cafés, die LUX-Bar und das Ristorante Belfiore laden zum Einkaufsimbiß. Hilfreich ist die deutsche Apotheke mit Westmedikamenten.

Mode und Schönheit

Yudaschkin-Modehaus, Kutuzowski pr. 19, ☎ 240 43 01. Russischer „Rasputin der Mode" nannte die *Vogue* den Modeschöpfer Yudaschkin. Die avantgardistischen Kostüme seiner Models erinnern an Feen oder Geigenkörper.
Dom Mody Zaitsew, Mira prospekt 21, ☎ 971 41 14. Slava Zaitsew ist nicht nur in Moskau Modezar: Selbst Jane Fonda ließ sich von ihm einen Mantel schneidern. Erfolgreich ist auch Sohn Jegor: Seine roten „Handschuhe auf Hüten" wurden 1993 in Paris und Florenz beklatscht.

Lebensmittel

Jelisejewski Gastronom (Nr. 1), Twerskaja ul. 14, ⌚ Mo–Sa 9–21, So 8–19 Uhr. Das Unternehmen hat eine skandalumwitterte Vergangenheit: Der Direktor wurde exekutiert, und auch Breschnews Schwiegersohn „schlugen die Geschäfte auf den Magen" – er wurde verhaftet. Der Supermarkt ist vollgepackt mit Frischware, ausländischen Delikatessen, Kaviar, Wein etc.; Selbstbedienungscafés und Eisdielen.
Garden-Ring-Supermarkt Bolschaja Sadowaja 1, ⌚ tgl. 9–21 Uhr. Lebensmittel aus aller Welt zu gesalzenen Preisen. Auch Videothek.

Arbat-Fußgängerzone

Vor allem Souvenirs und Antiquitäten; in Nr. 43 („Aktrisa"-Kunstgalerie") Lenin-Vasen, alte Photos und auch mal ein Barometer aus dem 19. Jh. Fotoliebhaber können in Nr. 18 („Kupina") alte Kameras sowie günstig gutes Porzellan erstehen (im „Antikwariat", Nr. 2, fast doppelt so teuer).

Buchhandlungen – Antiquariate

Dom Knigi, Nowy Arbat 26, ☎ 290 45 07. Der ehemalige Geheimtip ist mit Büchern heute eher mager bestückt. Statt dessen gibt es vorwiegend T-Shirts, Schuhe und Ikonen.
Lawka Knigoljuba, Twerskaja-Jamskaja 22, ☎ 251 09 21. Reiches und gutes Literaturangebot, günstige Wörterbücher und Lexika; außerdem Ikonen, die aber ihren Preis selten wert sind.
Inostrannaja Kniga, Zubowski bulwar 17. Fremdsprachige Literatur in Hülle und Fülle, relativ günstig.

Musik

Melodija, Nowy Arbat 40. Zwar gibt es in Moskau weniger russische CDs als im Westen, dafür aber ein reiches Angebot auf Vinyl. Musikkenner schätzen sowohl die Aufnahmen von klassischen Konzerten als auch Rock- und Jazz-Mitschnitte.

Moderne Kunstgalerien

Guelman-Galerie, Bolschaja Jakimanka 2/6, ⌚ Di–Sa 12–18 Uhr. Eine der renommiertesten und schönsten modernen Galerien Moskaus. Im Angebot sind Werke der 20er Jahre und sogar Gemälde von *Dmitri Wrubel* (1856 bis 1910), einem der bekanntesten Maler des *stil modern*. Guelman besorgt auch die Ausfuhrgenehmigung.

Galerie M'ARS, Mal. Filijewskaja ul. 32, ⌚ Mi–Sa 12–20, So 12–18 Uhr. Neue Kunst verschiedenster Richtungen wird in vier großen Hallen ausgestellt und verkauft; präsentiert werden die Werke von mehr als 3000 Künstlern aus der ehemaligen Sowjetunion.

Best Art Salon. Krasnopresnenskaja nab. 1/2, ⌚ Mo–Sa 11–19, So 11–17 Uhr. Wer die Kunst des *Sozialistischen Realismus* schätzt, ist hier an der richtigen Adresse. Interessant die Preise für sowjetische Führer: Stalin ist schier unbezahlbar und schlägt den 12 000 $ teuren Lenin, Chruschtschow hingegen ist bereits für 600 $ und Breschnew für 500 $ zu erwerben. Marx und Gorbatschow bilden mit müden 400 $ die Schlußlichter.

Antiquitäten

Achtung! Antiquitäten aus der Zeit vor 1945 dürfen nur mit Genehmigung des Kulturministeriums ausgeführt werden. Diese erhält man (i. allg.) bei Cultural Assessment Center, Neglinnaja ul. 8, ☎ 921 32 58, ⌚ Mo, Do 10–14 Uhr.

Antique Shop im Hotel Metropol, Teatralny pl. 1/4, ⌚ tgl. 10–14, 15–20 Uhr. Möbel, Vasen und Samoware. Der Clou sind Originalplakate aus der Zeit zwischen 1917–1930.

Uniset-Art, Wachtangowa ul. 5, ⌚ Mo–Sa 10–19 Uhr. Silber, Samoware, Schmuck und Nippes, aber auch echtes Meißener Porzellan.

Salon na Begowoi, Perwy Botkinski pr. 2/6, ⌚ tgl. 10–19 Uhr. Möbel, Spiegel, Wanduhren und vor allem eine reiche Auswahl an Porzellan locken Sammler scharenweise hierher. Heiß begehrt sind Erzeugnisse der Moskauer Porzellanmanufaktur *Gardner*, von der schon Katharina II. ein Service bezog. Spannend wird es jeden Freitag um 16 Uhr: Bei der Auktion (Vorbesichtigung Donnerstag nachmittag) kommen schon mal Zarensilber und Kristalllüster unter den Hammer.

Auf dem Tiermarkt findet jeder einen Hausgenossen

Moskauer Märkte

Schon wegen der Atmosphäre ist ein Bummel über einen der Märkte empfehlenswert. Immer noch werden hier Produkte aus allen Teilen der früheren Sowjetunion verkauft, entsprechend „babylonisch" ist das Sprachen- und Völkergemisch. Anfassen und Probieren meist erlaubt.

Zentralni Rynok, Zwetnoi bul. 15, ⌚ wochentags 8–18, So 8–16 Uhr.

Tischinski Rynok, Bolschaja Grusinskaja ul. 50, ⌚ tgl. 8–18 Uhr.

Ismailowski-Markt, ⌚ Sa, So 10–15 Uhr. Moderne und traditionelle Kunst, Souvenirs, Antiquitäten und unterhaltsames Publikum.

Tiermarkt Ptitschi Rynok, Bolschaja Kalitnikowskaja ul. 42 a, ⌚ Sa, So 8–13 Uhr. Der Moskauer Vogelmarkt", wie er wörtlich heißt, ist ein Erlebnis besonderer Art: Hier kann man Hunde, Katzen, Ziegen und jegliches schnatterndes Getier erwerben. Außerdem gibt es wunderschöne Pelze von Lämmern, Füchsen, Zobeln und Schneewölfen. Allerdings ist das Gedränge groß und der Matsch oft tief – entsprechende Kleidung wählen!

Moskau aktiv

Mühelos sportlich: Fußball und Eishockey

Bei einem Fußball- oder Eishockeyspiel sollten Fans nicht zögern: Auf zum nächsten Theaterkiosk (an jeder Metro)! Dort oder direkt am Stadion sowie über die Intour-Service-Schalter in den Hotels kann man auf eine Eintrittkarte hoffen. Leicht ist das Ergattern derselben aber selbst für das Lenin-Stadion (100 000 Plätze) nicht. Die Eintrittspreise für internationalen Spiele entsprechen westlichem Preisniveau.

Die Fußballsaison dauert von Frühjahr bis Herbst, im Winter steht Eishockey im Vordergrund. Beim „Scheibu, Scheibu"-Rufen, was sich zwar von der Eishockey-Scheibe ableitet, in Rußland aber auch Fußballer animiert, leistet ein Kissen für die Bänke gute Dienste.

Langlauf

Im Winter eine beliebte Freizeitaktivität der Moskowiter. In und um Moskau gibt es dazu genug Gelegenheiten, z. B. auf den Sperlingsbergen, im Gorki- oder Ismailowski-Park (Ski-Verleih) und in den Wäldern außerhalb.

Eislaufen, -tauchen, -angeln

Die Moskowiter pflegen sich im Winter sowohl auf wie unter dem Eis zu vergnügen: Während im Gorki-Park zu Disko- oder klassischer Musik geschlittert werden kann, tauchen die „Walrösser" durch Eislöcher in die Fluten der Moskwa, um den massigen männlichen Körper zu stählen. *Eisangeln* ist da gemütlicher. Wer kein Eisloch und keine Angel findet, kann dieses Unternehmen inklusive „zünftiger Wodkaparty" und „sibirienerprobter Steppjacke" bei Intourist buchen.

Eisbahnen (Schlittschuhverleih): Gorki-Park, Sokolniki Park, ⌚ tgl. 10–22 Uhr.

Bootfahren

Ob rudernd oder paddelnd, auf den Moskauer Flußarmen und Seen ist man gewiß nicht allein. Die Preise sind nicht hoch, ändern sich aber täglich.
Einige Bootsverleihe: Gorki-Park, Ismailowski-Park, Kolomenskoje.

Pferderennen und Reiten

Moskau im Galopp – natürlich mit Wettbüro und allem, was dazu gehört – findet man jedes Wochenende im Hippodrom an der Begowa ul. 22. Wer lieber selbst reitet, kann im Sokolniki-Park mit oder ohne Lehrer stundenweise Reitpferde mieten.

Moskau mit Kindern

Auch kleine Moskau-Touristen können jede Menge Spaß haben: Der **Zoo** (Bolschaja Grusinskaja ul. 1, Ⓜ Barrikadnaja, ⌚ Sommer tgl. 9–20 Uhr, Winter tgl. 9–17 Uhr) sowie verschiedene **Rummelplätze** mit Karussells, Achterbahnen und viel Zuckerwatte halten Kinder in Atem. Schön sind: WDNCH (Ⓜ); der Gorki-Park, Krymski Wal 9, oder der Ismailowski-Park mit Ski-, Schlittschuh- und Bootsverleih, Ⓜ Ismailowski Park; der Sokolniki-Park bietet Tennis für Kinder und ein Miniaturhaus-Kinderstädtchen mit Schwimmbad, Ⓜ Sokolniki.

Nicht nur an Regentagen garantieren das Moskauer **Planetarium** (⌚ Mo, Do 12–18 Uhr, Di 15–18, Mi, Fr, Sa, So 10.30–18 Uhr, Sadowaja Kudrinskaja ul. 5, Ⓜ Barrikadnaja) oder das **Puppentheater Obrastsowa** (Sadowaja-Samotjotschnaja ul. 3, Ⓜ Sucharewskaja, ☎ 299 53 73) ein fesselndes Programm. Die große Attraktion ist das **Durow-Tiertheater** mit angeschlossenem **Tiermuseum** (Durowa ul. 4, Ⓜ Mira prospekt oder Rischskaja, ☎ 281 29 14). Der Wolf „Daniil", der Fuchs „Alissa" und der Bär „Mischa" gehören zum Ensemble. Die Eintrittspreise für die Veranstaltungen sind bisher relativ niedrig, ändern sich jedoch täglich (s. S. 56).

Immer ein Hit: Der **Moskauer Staatszirkus** (Wernadskogo pr. 17, Ⓜ Zwetnoi bulwar).

Flucht vor der Großstadt

Mit einer Grünfläche von 19 m² pro Kopf steht Moskau unter den Industriestädten weltweit an erster Stelle. Im Großstadtgetümmel ermöglichen diese grünen Oasen mit ihren gepflegten Blumenbeeten und schattigen Bäumen beliebte und notwendige Atempausen. Hier wird Schach gespielt, gestrickt oder einfach in den Tag geträumt.

Noch besinnlicher und stiller sind die Friedhöfe, z. B. neben dem Neujungfrauen- oder dem Donskoi-Kloster. Durch die kunstvoll gestalteten Büsten und Grabmäler wirken viele Friedhöfe fast wie eine Art Freilichtmuseum.

Zu den größten Parks im Stadtgebiet gehören der Gorki-, der Ismailowski-, der Sokolniki-Park und das Gelände um Kolomenskoje.

Trotz vieler Industriebetriebe ist Moskau auch eine grüne Stadt

Banja

Wenn in einem Bezirk das warme Wasser abgestellt wird – was einmal im Jahr zur sog. „Reinigung der Rohre" für sage und schreibe 2–4 Wochen passiert – ist die Dampfsauna bitter notwendiger Hort der Hygiene. Glücklicherweise gibt es in jedem Bezirk mindestens eine öffentliche Banja, und so ist der Weg nicht weit. Bevor man allerdings das mehrstöckige Haus betritt und sich je nach Geschlechtszugehörigkeit auf die entsprechende Etage begibt, kaufen die Besucher am Eingang schnell noch ein paar Birkenreiser. Alte Mütterchen sammeln sie in den umliegenden Wäldern und bieten sie zum Verkauf an. Die Birkenreiser gehören zum obligatorischen Gesundheitsprogramm: Durch Wedeln sollen sie die Hitze ver- und den Körper stärken. Für viele Russen ist die Banja jedoch auch eine Art Gruppen-Beichtstuhl: Im Dunst der Hitzeschwaden erörtern die schweißnassen „Selbsthilfegruppen" Probleme der Liebe, Ehe und Kindererziehung oder tauschen Kosmetikrezepte aus. Miteinander warm geworden, geht man dann in den Aufenthaltsraum, wo das mitgebrachte Picknick verzehrt wird.

Die bis gut 60 °C feuchtheiße Schwitzhütte ist für ausländische Gäste nicht immer leicht zu ertragen, Herz- und Kreislauflabile sollten darauf verzichten. Aus Gründen der Hygiene unbedingt an eigene Badeschuhe und Handtücher denken.

Banjas: **Krasnopresnenskije**, Stoljarny per. 7, Ⓜ Ulitsa 1905 Goda, 🕓 Di–So 8–22, Mo 15–22 Uhr, ☎ 255 53 06; **Zentralnye**, Teatralny prospekt 3, Ⓜ Teatralnaja, ☎ 924 59 41; **Sanduny**, Neglinnaja ul. 14, Korpus 3–7, Ⓜ Kusnezki most, ☎ 925 46 31.

Moskau am Abend

Die Zeiten, da Moskaus Nachtleben nach 22.30 Uhr nur zu Hause oder in Hotelbars stattfand, sind vorbei: Zwar schließen die meisten Restaurants um 23 Uhr, doch danach geht's erst richtig los. Allerdings ist die Szene kurzlebig: Nachtclubs schießen wie Pilze aus dem Boden und verschwinden ebenso schnell. Da lohnt es sich, das **Rosie O'Grady's** unweit vom Manegeplatz als Auskunftsbüro zu nutzen: In der beliebten irischen Bar erkunden Ausländer und Russen, wo gerade der russische Bär los ist. Im Gegensatz zum modernen Nachtleben hat das klassische Abendprogramm keine großen Veränderungen erfahren. Eine Ballettaufführung im **Bolschoi-Theater**, ein Konzert im **Konservatorium** oder ein Theaterbesuch sind nach wie vor beliebte Abendvergnügungen.

Ballett

Bolschoi-Theater, Teatralnaja pl. 1, Ⓜ Teatralnaja, ☏ 299 86 61. Karten über „Intour-Service“ (möglichst noch vor Reiseantritt) oder (günstiger) auf dem Schwarzmarkt.
Tip: Agent „Dima“: bis 10.30 Uhr und ab 22 Uhr, ☏ 354 82 55, 412 84 12.

Die berühmten russischen Ballerinen tanzen zu sehen – das gehört zu den Träumen, die Russen und Ausländer gemeinsam haben. Allerdings bleibt die Realisierung dieses Wunsches immer mehr den Touristen vorbehalten, denn die Preise übertreffen alle „Traumvorstellungen“. Trotzdem sind die Aufführungen meist ausverkauft, denn bei Karten des Bolschoi-Theaters wird wahllos zugegriffen. Schon das Theaterhaus selbst ist ein Erlebnis: rot-goldene Ränge, riesige Kristallüster, und in der Zarenloge bekommt man ab und zu Jelzin oder prominente Staatsgäste zu sehen … Von den 2500 Plätzen des Theaters sollte man die Ränge in Bühnennähe meiden, will man sich nicht gehörig den Hals verrenken.

Theater

In Moskau gibt es über 50 Theater, dennoch sind Karten in der Regel Mangelware. Sprachunkundigen Touristen mag ein Theaterbesuch problematisch erscheinen, aber es kann ein Erlebnis sein, bekannte Stücke von *Tschechow, Bulgakow* oder *Gogol* in der Originalsprache zu sehen.

Tschechow-Künstlertheater MChAT (altes Haus), projesd Chudoschestwennogo Teatra 3, Ⓜ Ochotny Rjad.

Gorki-Künstlertheater MChAT (neues Haus), Twerskoi bulwar 24, Ⓜ Puschkinskaja. Tschechow-Klassiker sollte man sich in einem dieser Häuser anschauen, wo *Stanislawski* um die Jahrhundertwende *Tschechows* „Die Möwe“, „Die drei Schwestern“ und „Onkel Wanja“ inszenierte. Das Theater hat den Ruf, zu den traditionellsten, aber auch anspruchsvollsten Moskauer Bühnen zu gehören.

Sowremennik-Theater, Tschistoprudny bulwar 19a, Ⓜ Tschistye prudy. Modernes russisches Theater, das vor allem in den ersten Jahren der *perestroika* Furore machte.

Teatr Na Taganke, Tschakalowa ul. 76, Ⓜ Kurskaja, Taganskaja, ☏ 272 63 00. Dieses Theater ist immer noch eng mit dem Mythos des Schauspielers, Regisseurs und Liedermachers *Wladimir Wyssotzki* verbunden, der mit seinen teils zynischen, teils humorvollen Texten jahrelang die rauchige „Stimme des Volkes“ war. Sein Begräbnis 1980 während der Olympiade wurde – obwohl Medien und Regierung ihn totschwiegen – zum Massenereignis. Neben Wyssotzki verdankte das Theater seinen Ruf lange Zeit dem gegen Ende der Breschnewzeit ausgebürgerten Regisseur *Juri Ljubimow,* der seit kurzem hier als Gast arbeitet – wenn er nicht in Bonn oder New York inszeniert.

Theater des jungen Zuschauers, Sadowski per. 10, Ⓜ Majakowskaja, ☏ 299 53 60. Steht *Bulgakows* „Hundeherz" auf dem Programm, sollte man sofort eine Karte kaufen.

Theater der Mimik und Gesten, Ismailowski bulwar 39/41, Ⓜ Perwomaiskaja. Hier spielen die gehörlosen Schauspieler ihre Rollen in einer Mischung aus Gebärdensprache und Pantomime.

Satire-Theater, Bolschaja Sadowaja ul. 18, ☏ 299 63 05, Ⓜ Majakowskaja. Stücke russ. und westlicher Autoren.

Konzerte

Auch für die Musik gilt: großer Andrang, sehr gutes Angebot, wenig Karten, da Intour-Service einen Teil des Kontingents für gut zahlende Touristen „verwahrt". Man kann aber auch wie die Moskowiter vor den Konzertsälen nach übriggebliebenen oder nicht abgeholten Karten fragen.

Moskauer Konservatorium, Gerzena ul. 13, Ⓜ Ochotny Rjad/Arbatskaja, und **Tschaikowski-Konzertsaal**, Majakowskogo pl. 4/31, Ⓜ Majakowskaja. Gespielt wird klassische wie auch moderne Musik, sehr gute Akustik.

Außerdem gibt es in **Kirchen** Musikaufführungen; in den bemalten Räumen vor der Ikonostase wird ein klassisches Konzert zum beeindruckenden Erlebnis.

Kinos

Einen *Tarkowski*-Film in Orginalsprache sollte man sich keineswegs entgehen lassen: die lange verbotenen Filme sind auch für die Moskauer Zuschauer ein Ereignis. Karten sind preisgünstig direkt an der Kinokasse erhältlich. Das Programm kann man Plakatwänden vor Metrostationen entnehmen.

Filme in russisch: **Kino-Teatr Oktjabr,** Nowy Arbat 42, Ⓜ Arbatskaja. **Kino-Teatr Rossia**, Puschkinskaja pl. 2, Ⓜ Puschkinskaja.

Nachts im Petlura-Club

Russische Lieder aus voller Seele

Jazz in schummriger Stimmung

„Einen Höhenflug der Seele" kann man im Bolschoi-Theater erleben

Filme in englischer Sprache:
Radisson Slawianskaja, Bereschkowskaja nab. 2, ☏ 941 80 20, Ⓜ Kiewskaja. In den blauen Sesseln des Conference Center fängt Hollywood an: Das einzige Kino mit Filmen in englischer Sprache zeigt ein monatlich wechselndes Programm.

Casinos

Spielbanken waren in Moskau früher streng verboten, nun scheint der Nachholbedarf groß, und viele Hotels haben mittlerweile ihr eigenes Casino. Ein weiterer „Spielplatz“ ist das **Casino Royale**, Begowaja ul. 22, Ⓜ Begowaja.

Cafés, Bars, Diskotheken, Jazz

Arbat Blues Club, Aksakowa per. 2, Ⓜ Arbatskaja, ☏ 291 15 46. Live-Musik und Gemütlichkeit, sehr hoher Eintritt.
Hermitage Club, Karetny rjad 3, Ⓜ Majakowskaja, Tschechowskaja, ☏ 299 11 60. Hier treffen ausländische und moskowitische Künstlerszene aufeinander, möglicherweise vom Geist des Bohemien, Kunst- und Alkoholliebhabers Wladimir Wyssotzki umweht, der vormals in dieser Straße wohnte.
Margarita-Kafe, Malaja Bronnaja 28, Ⓜ Majakowskaja, ☏ 299 65 34. Das kleine Cafe an den Patriarchenteichen ist ein Geheimtip für Jazzfans und Bulgakow-Kenner (s. S. 59).
Arkadia Jazz Club, Teatralny pl. 3, Ⓜ Teatralnaja, Lubjanka, ☏ 926 90 80. Gediegen gibt sich die klassische Jazz-Szene, die hier ihren Treffpunkt hat. Hohe Preise nehmen die Gäste so cool hin wie die gute Küche des Hauses.
Chance, Zwetnoi bulwar 11, Ⓜ Zwetnoi bulwar, ☏ 924 96 96. Für die homosexuelle Szene Moskaus, in sowjetischer Zeit offiziell nicht existent, bietet diese Disko eine „Chance“ des *coming out.*
Bunker Club, Trifonowskaja ul. 56, Ⓜ Rischskaja, ☏ 284 35 78. Stets überfüllter Szenetreff des „jungen Moskau“. Zur breiten Palette des musikalischen Angebots gehören Post Punk, Rock, Heavy Metal, Techno und Avantgarde. Internationale Freejazzer wie „Noise and Toys“ oder Rockbands wie „Matrosskaja Tyschina“ sorgen allabendlich für Stimmung.
011-Club, Sadowaja-Kudrinskaja 19, Ⓜ Majakowskaja. Nach dem Bunker zweiter Szenetreff, allerdings schwieriger zu finden: Das 011 liegt auf der Höhe des American-Express-Büros in einem Hinterhof. Zum Disko-Sound tanzen am Wochenende nicht nur russische Fans, sondern auch Diplomaten und Touristen.
Pilot, Tryochgorny Wal 6, Ⓜ Barrikadnaja, ☏ 252 27 64. Nicht immer Live-Musik, trotzdem stets überfüllt. Wer Platzangst bekommt, weicht auf die große Tanzfläche des darunter liegenden **Soho** aus.
Manhattan Express, Warwarka ul. 6, Ⓜ Kitaj Gorod, ☏ 298 53 54. Die dem New Yorker Underground nachempfundene Atmosphäre ist momentan Nummer eins im Moskauer „Nachtverkehr“. Dementsprechend zu tun hat DJ Oleg Ojo, der mit Techno, Rap und House allabendlich die Tanzfläche zum Beben bringt.

Freilichtveranstaltungen

Im **Gorki-Park** und **Freizeitpark Sokolniki** (s. S. 26) finden im Sommer Rockfestivals und Konzerte statt.

Auch Jazzliebhaber bekommen Oberwasser: Von der Anlegestelle **Kiewski Woksal** legt täglich um 20 Uhr ein Schiff ab, auf dem an vier Tagen der Woche traditioneller Jazz, freitags Free Jazz und sonntags „Jazz-Total“ zu hören ist. ☏ 201 70 67.

ℹ Das Freizeitprogramm für Tag und Nacht ist der samstags erscheinenden Zeitschrift *Dosug w Moskwe* zu entnehmen, die an jedem Zeitungskiosk verkauft wird. Außerdem bringt die englischsprachige „Moscow Times“ (sie liegt kostenlos in allen größeren Hotels aus) täglich Adressen, Tips und Termine.

Unterkunft

Das touristische Kopf(kissen)geld ist längst nicht mehr ausschließliche Beute von Intourist. Die Möglichkeiten, das müde Haupt zu betten, werden von Tag zu Tag zahlreicher und aufregender. Luxussuiten mit Originalkunstwerken und Schlemmermenüs sind selbstverständlich, ebenso die Übernachtung in Privatquartieren und Wohnheimen mit dem jetzt auch Ausländern zugänglichen preisgünstigen russischen „Bett für drei", im Volksmund „Lenin mit uns" genannt. Die Attraktivität der Privatvermittlung wird durch die Hotelpreise gefördert, Moskau gilt derzeit als teuerste Metropole Europas!

Insbesondere in älteren Hotels sollte man damit rechnen, daß Preise und Sterne nicht überall westeuropäischem Standard entsprechen. So kann es vorübergehend kein heißes Wasser geben, auch eine Kakerlake als Zimmernachbar ist denkbar. Weiterhin gehört zur Nachbarschaft unter Umständen die Mafia, wobei der Tourist aber in der Regel nichts zu befürchten hat – Moskaus Paten verderben sich nicht selbst das Geschäft. *Buchungen* kann man mittlerweile direkt vor Ort vornehmen, doch sind Voraus bzw. Pauschalarrangements bei weitem günstiger.

Luxushotels (DZ ab 300 $)

Baltschug Kempinski, Baltschug ul. 1, ☎ 230 65 00. Die Spitze der Tophotels. Das für 140 Mill. DM renovierte Gebäude besitzt: Konferenzsäle, VIP-Library, Health Center, Café Kranzler, Hausbank, Lufthansa-Schalter etc.; phantastischer Blick auf den Kreml. Das Restaurant liegt im Qualitätsvergleich weit vorn. $

Metropol, Teatralny projesd 1/4, ☎ 927 60 00. Die Jugendstilfassade von 1898 kennt manch ein Tourist aus dem Film „Dr. Schiwago". Prächtiges

Gepflegt übernachten im Hotel Baltschug nahe dem Kreml

Wer privat wohnt, kann Moskau hautnah erleben

Das Rossia-Hotel – um in Sowjetnostalgie zu schwelgen

Innendekor, für ein Fünfsterne-Hotel (397 Zi.) mäßige Serviceleistungen. $$$
Hotel National, Ochotny rjad 14/1, ☎ 258 70 00. FAX 258 71 00; Deutschland ☎ 01 30-29 44. Ein luxuriös renoviertes Hotel der Forte-Gruppe. $$$
Palace, Twerskaja-Jamskaja 19, ☎ 956 31 52. Ideal gelegenes Spitzenhotel, 199 Zimmer, 22 Suiten, reizende Maisonnettes; 3 Restaurants. $$$
Savoy, Roschdestwenka ul. 3, ☎ 928 02 10, FAX. 230 21 86. Ehemals **Hotel Berlin**, russ.-finn. Joint-venture, gemütlich überschaubares Ambiente, stilvolle Möblierung und Gemäldegalerie. Der Hit: Jugendstilbäder mit „goldenen" Wasserhähnen. $$$

Gehobene Mittelklassehotels
(DZ 200–500 $)

Danilowski, Bolschoi Starodanilowski per. 22, ☎ 954 05 03. Blick auf das Danilow-Kloster. Mittlerweile darf man auch ohne Kutte übernachten und die Nachtbar besuchen. $$$
Meschdunarodnaja, Krasnopresnenskaja nab. 12, ☎ 253 27 60. Beliebtes Doppelhaus in der Nähe vom „Weißen Haus", amerikan. Standardausstattung. Hier bedient Sie Matthias Rust: Schlagersängerin Gaby Baginski und Kaufmann Knöpke stellten den Überflieger in der „Deutschen Bierstube" ein. $$$
Radisson Slavianskaja, Bereschkowskaja nab. 2, ☎ 941 80 20. Original amerikanische Steaks und Berühmtheiten (Clintons im Gästebuch), Shopping Mall, Swimming Pool. $$$

Mittelklassehotels

Intourist, Twerskaja ul. 3/5, ☎ 203 40 08, keine Euroschecks. Hotelkasten der alten Zeit, mittlerweile funktionierender Service, gute Restaurants; Bar, Café und Casino. Ideale Lage im Herzen Moskaus. $$
Ukraina, Kutuzowski pr. 2/1, ☎ 243 30 20. Stalinscher Zuckerbäkkerbau, sehr beliebt. Blick aufs „Weiße Haus" und die Moskwa, „durchsichtige" Lockmanöver der Striptease-Damen im Restaurant, Spielcasino. $$
Kosmos, Mira prospekt 120, ☎ 251 72 80. Hotel der Intourist-Ära. Schwimmbad, Sauna, Kegelbahn, mehrere Restaurants und Heineken-Bierstube, Nachtbar mit traditionell schlechtem Ruf, schlicht möblierte Zimmer mit Bad/Dusche/WC. $$

Einfache (Jugend-)Hotels

Ismailowo Komplex, Ismailowskoje schosse 71, ☎ 166 01 09/45. Häßliche, aber sichere Hochhausunterkunft mit Metroanschluß (12 Min. ins Zentrum). Touristen nur im Block **Delta** oder **Gamma**, nahe Ismailowski-Park. $
Zeus, Rabotschaja ul. 63, ☎ 270 21 60. Ableger der 1980 anläßlich der Olympischen Spiele erbauten Sporthotels; ideal für Selbstversorger, Kleingruppen und Sportfans. Fitness-Center, Pool, Sauna, Tennis, Squash. Saubere, sichere Zwei- bzw. Vier-Personen-Apartments (Supersparpreis von 160 DM) mit Bad/Dusche, Tel., TV, Küche. $

Privatquatiere $

Bei russischen Familien: Je nach Komfort (Bad, Heizung), Lage und Größe: DZ 60–90 DM; nach einer Woche Rabatt. Über Veranstalter (z. B. Lernidee-Reisen, Berlin; Globus-Reisen, Moskau) sind Privatquartiere mit/ohne Mahlzeiten zu buchen. Von Vorteil: russische Sprachkenntnisse oder Gastfamilie mit Fremdsprachenkenntnissen. Gastgeschenke und eine gute Konstitution für nächtliche Feiern sind gern gesehen.

Camping: Moschajskoje schosse 165, ☎ 446 51 41, 🕓 1.6.–1.9. Einziger Campingplatz, 16 km westl. der Stadt. Übernachtungen vorher – über Intour-Service – buchen, Buchungsbestätigung dem Visa-Antrag beifügen und bei der Rezeption vorlegen. Ausreichend Campingzubehör mitbringen.

Studentenwohnheime: Jugendherbergen gibt es nicht, statt dessen kann man über Reisebüros Übernachtungen in Studentenwohnheimen buchen (während der Semesterferien Zwei- und Vierbettzimmer mit Bad).

Reisewege und Verkehrsmittel

Anreise

Per Flugzeug: Die Probleme der einheimischen Linien mit der *Flugsicherheit* sind inzwischen bekannt; die ausländische Konkurrenz verspricht „erhöhte Aufmerksamkeit und eigene Schutzmaßnahmen". Auslandsflüge landen auf dem Flughafen **Scheremetewo II**. Nach einigem Warten kommen die Koffer meist doch – wenn auch oft auf einem anderen Band als angegeben.

Sicherer als ein inoffizielles *Taxi* bringt einen ein registriertes (Bons in der großen Halle, 50–60 US-$) in die 35 km entfernte Stadt. Billiger ist der *Flughafenbus* ab/bis Ⓜ Retschnoi Woksal; Gepäck muß extra gezahlt werden.

Erlebnisreich und konkurrenzlos billig: die *Busse der Linie 511* (Scheremetewo II bis Ⓜ Retschnoi Woksal) für etwa 16 Pfennige. Sie holpern, stets überfüllt, etwa eine Stunde durch Feld und Wald der Stadt entgegen.

Per Bahn: Die 40stündige Annäherung (über Berlin, Frankfurt/O., Warschau, Brest und Minsk) durch die osteuropäischen Landschaften ist eine angenehme Einstimmung, andererseits wartet man in Brest allein zwei Stunden, bis Lok und Wagen auf die russische Gleisbreite umgestellt sind. – Vorsicht vor dem *Gentlemantrick:* Junge Frauen bitten die Leute, für ein „Umkleidemanöver" das Abteil zu verlassen. Anschließend verläßt dann das Portemonnaie mit den „züchtigen" Damen den Zug.

Per Auto: Die Strecke Berlin–Warschau–Brest–Minsk–Moskau ist über 2000 km lang. Zwar braucht man mittlerweile nur noch das russische Visum, doch sind die Straßen nicht besser geworden. Man sollte auf der Hauptroute

Moskau kann man auch per Schiff erobern

Moskauer Straßenflucht

Musik auf russischen Instrumenten im Moskauer Untergrund

bleiben, denn nach wie vor sind einige Städte für Ausländer gesperrt. Wegen der gut organisierten Diebesbanden und möglicher Pannen ist es empfehlenswert, im Konvoi zu fahren.

Gemütlicher und sicherer ist die mit **Fähre** (dreimal wöchentlich ab Travemünde) und Auto kombinierte Fahrt über Helsinki und St. Petersburg.

Stadtverkehr

Die Metro: Das Moskauer Metronetz ist weltweit unübertroffen. Zwar sind die Menschenmassen und unterirdischen Labyrinthe auf den ersten Blick beängstigend, bringen aber den Geübten nicht mehr aus der Fassung. Die *grüngelben Plastikchips (dschetony na metro)* erhält man in den Stationen oder an den Kiosken davor. Zehnerpacks lohnen sich, allerdings sollte man die Chips nicht mit den kleineren braunen (!) Telefon-Chips verwechseln. Letzteres hat schmerzhafte Folgen: Bei einem falschen Jeton sausen an der Schranke zwei Metallbügel gegen die Schienbeine und in die Lendengegend.

Die Metro verkehrt von 6 Uhr morgens bis 1 Uhr nachts.

Bus und Trolleybus: Bus oder „Trolley" rangieren unter der Rubrik „Abenteuer". Die Probleme sind: 1. hineinkommen (11 Millionen!) und 2. ankommen (Panne!). Tickets gibt es beim Fahrer oder an Kiosken, entwertet wird am Automaten im Bus. Da jegliche Bewegung utopisch ist, werden Geld bzw. Fahrschein von Hand zu Hand weitergereicht. Zum Aussteigen braucht man große Entschlossenheit und die Formel *„Wy tschas wychodite?"* („Steigen Sie auch gleich aus?"), untermalt von entsprechenden Stoß-, Tret- und Kneifbewegungen.

Elektritschka: Neben den Fernzügen verkehren von allen Bahnhöfen aus kleine Vorortbahnen – auf Russisch *elektritschka* -, mit denen man weniger schnell als billig die umliegenden Ausflugsziele erreicht. Fahrkarten sind am Bahnhof erhältlich. Die Preise ändern sich derzeit täglich, liegen aber bedeutend unter den westlichen Tarifen.

Taxi: Taxifahren ist teuer und nicht sicherer, dafür privatwirtschaftlich geworden. Ausländer zahlen Gebietsfremdenzuschläge. Preis vor Fahrtantritt absprechen bzw. verhandeln!

Mietwagen: Ob es Chruschtschows Staatskarosse, ein Jeep der russischen Armee oder ein anderes Auto sein soll das entscheidet mittlerweile nur der eigene Geschmack und das Portemonnaie. Ansprechpartner sind u. a. Avis und Eurocar (am Flughafen Scheremetewo II); Auto-Service, Kiewskaja ul. 14, ☏ 240 21 26. Weitere Verleihe in allen Luxushotels und im Hotel Kosmos. Informationen zu Verkehrs- und Unfallregelung sowie ein Tankstellenverzeichnis bei den Agenturen.

Zu Fuß: Moskaus Straßen erfordern robustes Schuhwerk und eine gute Kondition. Bei langen Strecken geeigneter ist die Kombination von Metro, Bus und Taxi; die eigenen Füße genügen in ruhigen Bezirken wie südlich der Moskwa-Insel, nördlich der Twerskaja ulitsa oder um den Arbat mit seinen Hinterhöfen und Cafés.

Stadtrundfahrten: Für Museumsbesuche ist wegen der russischen Beschriftung oft ein Führer vonnöten. Einige Museen bieten fremdsprachige Führungen an, häufiger ist man auf teure Reiseagenturen (nur noch eine davon ist Intourist) angewiesen.

Ausflüge rund um Moskau: Komfortabler und informativer, aber teurer über ein Servicebüro (Intour-Service, Belinskogo ul. 4, ☏ 202 99 75, oder am Service-Schalter aller großen Hotels; Russisches Touristenhaus Victoria AG, Krylatskaja ulitsa 51, ☏ 975 59 79, FAX 975 49 91). Man kann auch individuell ein Fahrzeug mit Fahrer mieten (Preise und Zeitrahmen vorher absprechen). Trotz Sprachbarriere entpuppt sich mancher Chauffeur als freundlicher und engagierter Fremdenführer.

METRO

- Sokolnitscheskaja linia
  СОКОЛЬНИЧЕСКАЯ ЛИНИЯ
- Gorkowsko-Samoskworezkaja linia
  ГОРЬКОВСКО-ЗАМОСКВОРЕЦКАЯ ЛИНИЯ
- Arbatsko-Pokrowskaja linia
  АРБАТСКО-ПОКРОВСКАЯ ЛИНИЯ
- Filowskaja linia
  ФИЛЕВСКАЯ ЛИНИЯ
- Kolzewaja linia
  КОЛЬЦЕВАЯ ЛИНИЯ
- Kaluschsko-Rischskaja linia
  КАЛУЖСКО-РИЖСКАЯ ЛИНИЯ
- Wychino-Krasnopresnenskaja linia
  ВЫХИНО-КРАСНОПРЕСНЕНСКАЯ ЛИНИЯ
- Kalininskaja linia
  КАЛИНИНСКАЯ ЛИНИЯ
- Serpuchowsko-Timirjasewskaja linia
  СЕРПУХОВСКО-ТИМИРЯЗЕВСКАЯ ЛИНИЯ
- In Bau
- Umsteigebahnhöfe

1 Borowizkaja
БОРОВИЦКАЯ

2 Majakowskaja
МАЯКОВСКАЯ

3 Mendelejewskaja
МЕНДЕЛЕЕВСКАЯ

4 Turgenjewskaja
ТУРГЕНЕВСКАЯ

5 Krasnye Worota
КРАСНЫЕ ВОРОТА

6 Tschistye prudy
НИСТЫЕ ПРУДЫ

7 Ochotny Rjad
ОХОТНЫЙ РЯД

8 Arbatskaja
АРБАТСКАЯ

Weg 1

Der Mittelpunkt der Erde: Der ***Kreml

„Die Erde beginnt bekanntlich am Kreml. Er ist ihr „Mittelpunkt", so – nicht ganz ernstgemeint – der Dichter Majakowski. In bezug auf Kunst, Geschichte und Politik Rußlands schließt sich ihm der Besucher aber bestimmt gerne an. Allerdings ist diese „Reise zum Mittelpunkt" nicht gerade ein beschauliches Vergnügen, immerhin umschließt die 2235 m lange Kremlmauer ein 28 ha großes Gelände. So gibt es viel zu sehen, aber bislang leider weder Cafés noch Sitzgelegenheiten, um innerhalb des Kremlgeländes die müden Füße auszustrecken. Dabei fordert das Wechselbad von klirrender Kälte und warmen Ausstellungsräumen im Winter ebenso wie die auf den Steinplatten flirrende sommerliche Hitze eine glänzende Konstitution. Wer alles sehen will, sollte für Weg 1 ein bis zwei Tage einplanen, zuerst am besten im Rahmen einer Führung, die man anschließend im eigenen Tempo wiederholt.

Karten sind für einige Gebäude nur über Intour-Service zu erhalten; für die Eintrittskarten zu den Kirchen kann man sich auch direkt in die langen Warteschlangen vor den Kassen-Kiosken im Alexandergarten einreihen.

Einlaß in das Kremlgelände gewährt entweder der **Borowizki-** oder der **Troizki-Turm**. Doch zuvor muß man an der Garderobe alles abgegeben haben, was größer als eine Handtasche ist. Fotoapparate sind erlaubt.

Tip: *Butterbrody* im *Rjucksacke* – das sind nicht nur Worte, die jeder Russe versteht, man sollte sie bei dieser Tour tatsächlich beherzigen. Wer sich sein eigenes Lunchpaket einsteckt, braucht das Kremlgelände nicht verlassen, um sich zu stärken.

Wählt man den Eingang durch den Borowizki-Turm, hat das den Vorteil, daß man gleich auf die *** **Staatliche Rüstkammer,** eins der größten „Schätzchen" Rußlands, trifft – statt sofort mit der Häßlichkeit des Kongreßpalastes konfrontiert zu werden.

Seit Iwan IV. wurde in diesem Gebäude gehortet, was sich zum Schatz der Zaren summierte: „Kleine Mitbringsel" anderer Herrscher, wie Throne aus Persien, Kutschen aus Frankreich oder edelsteinbesetztes Zaumzeug aus Asien, machen nur einen Teil der schier überwältigenden Sammlung aus. Der „Doppelthron", auf dem der zehnjährige Peter I. und sein Halbbruder Iwan saßen, lüftet ein sorgsam gehütetes Geheimnis der Romanow-Dynastie: Die weisen Beschlüsse aus dem Kindermund Petjas und die erstaunlichen Ratschläge des schwachsinnigen Iwan kamen in Wirklichkeit von der älteren Schwester Sophia, die – hinter dem Thron kauernd – durch eine „Flüsterklappe" soufflierte.

Weitere kostbare Kuriositäten finden auch sich im ersten Stock der Waffenkammer. Hier darf man u. a. die Präsente der zaristischen „Osterhasen" bestaunen: Fabergé-Eier aus Gold und Edelsteinen mögen manches Touristenkind an der eigenen Überraschungseier-Sammlung zweifeln lassen. Denn hier gibt es – anstelle von in Eiern versteckten billigen Plastikfiguren – filigrane Miniatur-Eisenbahnen, selbstverständlich aus echtem Platin, oder auch eine perfekte Nachbildung des Kremls zu entdecken. Modewußte Besucher/innen mögen sich im selben Raum vielleicht eher am diskreten Zubehör einer Wespentaille ergötzen, oder am edlen Pelzwerk für frostige russische Wintertage – die Zaren und Zarinnen hatten die Steppe längst hinter sich gelassen.

ie hochkarätigen Wunder erwarten en Besucher jedoch hinter der extra esicherten Stahltür auf dem Weg zur Vaffenkammer: Der Diamantenfond es Kremls birgt die Zarenjuwelen und kleinen Liebesbeweise", die den ünstlingen und Geliebten von ihren aristischen Verehrern dargebracht vurden. Obwohl natürlich alle Objekte inter Panzerglas ausgestellt sind, dürfen keine harten Gegenstände, mit lenen Scheiben zerschlagen werden önnten, und keine Fotoapparate hin- ingenommen werden – zudem ist die Besichtigung der Ausstellungsräume nur in einer geführten Gruppe möglich.

Die Zarenglocke, die 1735 gegossen wurde, ist die größte der Welt

Ikonen und Ikonostasen

Eine stets wiederkehrende Geste während des russisch-orthodoxen Gottesdienstes mag manchem Touristen Rätsel aufgeben: In der dichtgedrängten Menschenmenge sieht man oftmals, wie einer der Gläubigen einem anderen vorsichtig auf die Schulter tippt, ihm etwas ins Ohr flüstert und dann eine Kerze reicht. Der Angesproche wiederholt das eigenartige Ritual unverzüglich bei seinem Nebenmann, dieser beim nächsten und so fort. Wen selbst einmal das magische Flüsterwort erreicht – oder wer nahe einer Ikone steht –, kann das Geheimnis lüften: Da zu den Bildnissen der verschiedenen Heiligen, denen die Kerzen zugedacht sind, meist kein Durchkommen ist, wird anstelle des verehrenden Kusses und der Kniebeuge einfach der Kerzengruß vorgeschickt.

Die Ikonenverehrung in der russisch-orthodoxen Kirche darf übrigens nicht mit Anbetung verwechselt werden. Denn die der Ikone innewohnende Kraft des Heiligen wird zwar verehrt und kann dadurch auf den Verehrer übergehen, angebetet werden darf aber nur Gott. Leider wird heute immer deutlicher, daß – vor allem beim Küssen – nicht nur die Kraft des Heiligen „übergeht", sondern oft auch die Farbe. Bei vielen der auf Holz gemalten Bildnisse verschwimmen die klaren Gesichtszüge und Formen der Hände mehr und mehr – sehr zum Kummer der Kunstfreunde. Dieses Problem stellte sich bereits im 12. Jh., weshalb zunächst der Rahmen, dann auch Teile der Figuren und des Hintergrundes mit Metallbeschlägen überzogen wurden. Seit dem 19. Jh. werden schließlich nur noch die unbekleideten Körperteile der Heiligen – eben Hände und Gesicht – ohne Metallüberzug belassen, doch halten viele Gläubige den verehrenden Kuß auf die nur mit dünnem Leinölfirnis überzogenen Temperafarben scheinbar für wirkungsvoller als den auf die Silberrüstung.

Stil und Aufbau der Ikonen sind fest vorgeschrieben; um diese Kunst zu erlernen, mußten sich die Maler (meist Mönche) einer langen und geheimen Ausbildung unterziehen. Die bedeutendsten Heiligenbilder befinden sich stets in der Ikonostase der Kirche, einer Bildniswand, die das Allerheiligste vom Gemeinderaum trennt. Die Türen der Ikonostase werden nur bei der Wandlung während des Gottesdienstes und anläßlich hoher Feiertage geöffnet.

Wie die Regierenden heutzutage ihre Staatsakte feiern, verbergen die Mauern des **Großen Kremlpalastes,** dessen prächtiges Innendekor bisher leider nur bei Fernsehübertragungen zu erahnen war. Doch die Zeiten ändern sich: Auch weniger privilegierte Staatsgäste können nun über Intour-Service ein Mittagsmahl im Kremlpalast buchen. Platz ist reichlich vorhanden – in dem Gebäude sollen über 700 Zimmer existieren.

Ein kleiner Test zum Proportionsgefühl erwartet den Besucher an der Fassade: Wie viele Stockwerke hat das von dem russischen Architekten Konstantin Thon im 19. Jh. entworfene Gebäude? Es sieht auf den ersten Bilck dreistöckig aus, in Wirklichkeit aber wurden die oberen Stockwerke von den Architekten Iwanow und Schits in der Sowjetzeit zu einer einzigen Etage umgewandelt – ein Baukunststück, das auf Kosten einiger architektonisch wertvoller Räume ging.

Der Kremlpalast geht über in zwei weitere Paläste. Einer ist der quadratische **Facetten-Palast,** der unter Iwan II. erbaut wurde und dessen Hauptfassade mit einer facettierten Kalksteinverkleidung (daher der Name) versehen ist. Seine 495 m² große Zeremonienhalle mit goldroten Verzierungen und ausführlichen Darstellungen der biblischen Geschichte auf den zahlreichen Fresken bekommen normalerweise leider nur Staatsgäste zu sehen.

Der zweite Palast des Bau-Ensembles ist der **Terempalast.** Von außen sieht man meist nur seine grün gekachelten Türmchen und die goldenen Spitzen der Hauskirchen, deren elf Kuppeln ein gemeinsames Dach bilden; die verschiedenen Sockelgeschosse des Gebäudes bis hin zum *teremok* (Turmhaus) bleiben dem Blick des Normaltouristen ohne Sondergenehmigung hingegen verborgen.

In dem fünfstöckigen Barockschlößchen konnten die kleinen Zarenkinder sicherlich wunderbar Versteck spielen. Die Zimmer sind ineinander verschach-telt und teilweise durch Geheimtreppe miteinander verbunden, wobei die Tü-ren natürlich absolut stilecht von Holz-vertäfelungen oder Gemälden kaschier werden.

Zuviel Radau war damals allerding wohl nicht ratsam, denn neben de Privatgemächern der Frauen und de Hauskapellen der Zarenfamilie finde sich auch ein geheimes Beratungszimmer des Herrschers im Palast. Übe einer der hauseigenen Kirchen ist das luxuriöse „Goldene Zarinnenzimmer“ ein Empfangssalon aus dem 16. Jh. mi schönen Fresken, zu bewundern. Errichtet wurde der Palast im 15. Jh., wobei er allerdings erst in den nachfolgenden zwei Jahrhunderten zu seine heutigen Höhe aufgestockt wurde.

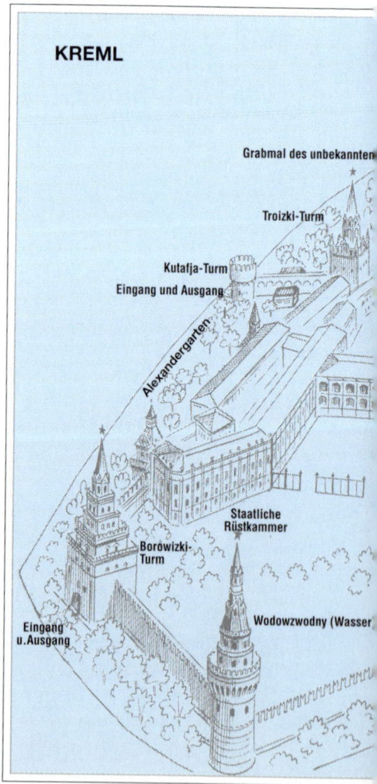

Den prachtvollen Mittelpunkt des Kremlgeländes bildet der ** **Kathedralenplatz** aus dem 15. Jh., auf dem man unbedingt ein wenig verweilen sollte, um das Panorama der vielen Kuppeln und Fassaden in sich und mit der Kamera aufzunehmen. Dieses Tun allerdings beeinträchtigen Bauarbeiten: Auf Präsident Jelzins Geheiß wird der Platz mit einer roten Freitreppe versehen.

Unter den umliegenden Kirchen beherrscht die große ** **Mariä-Himmelfahrts-Kathedrale** das Bild. Aus der ehemaligen Holzkirche, deren Grundstein der Architekt

Im Kreml reiht sich eine Kirche an die andere

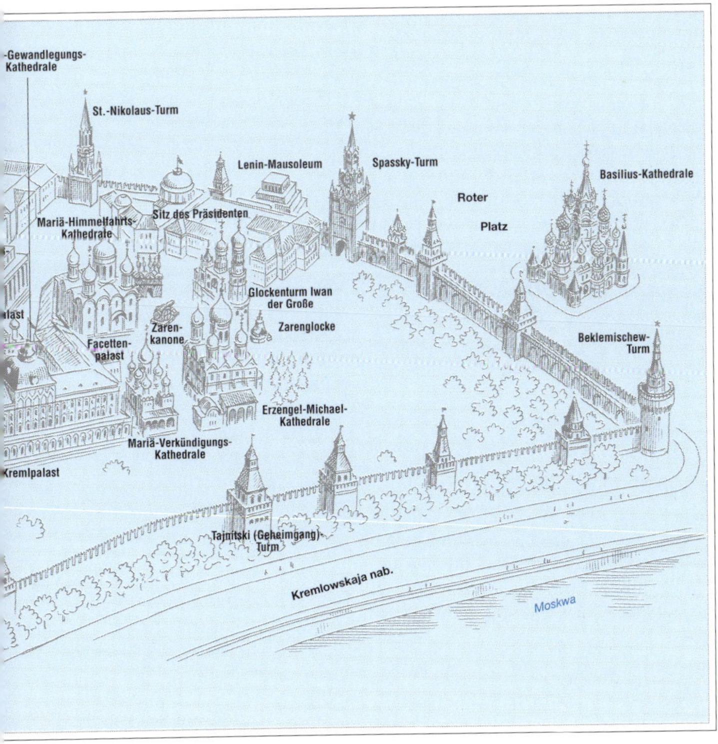

Iwan Kalita im 14. Jh. legte, entstand dank Aristotele Fioravanti 1479 das größte Gotteshaus des Kremlgeländes. Der rechteckige, aus Kalkstein und Ziegeln errichtete Bau mit seinen halbkreisförmigen Giebeln, einer großen Haupt- und vier Nebenkuppeln war Vorbild für alle späteren russischen Kathedralen, blieb aber in seinen Dimensionen unübertroffen. Hier wurden die Zaren gekrönt und auch vermählt. Im Innern der Kirche sind die schön geschnitzten, aber vermutlich wenig bequemen Betstühle Iwans IV. und des Patriarchen zu bewundern. Die Originalfresken an den Wänden und den Säulen der Kirche stammen teilweise noch von dem Ikonenmaler Dionisii aus dem 15. Jh., doch wurden später an vielen Stellen Übermalungen vorgenommen.

Schon seit vielen Jahren ist in der *Ikonostase* im Ostteil der Kirche nur noch eine Kopie der „Heiligen Gottesmutter von Wladimir“ von *Andrei Rubljow* (14. Jh.) zu sehen. Dabei war die Kathedrale bewußt nach dem Vorbild des gleichnamigen Bauwerks in Wladimir konzipiert worden, damit sich die Gottesmutter ganz „zu Hause“ fühlte. Doch während der Sowjetzeit mußte sie in die Tretjakow-Galerie emigrieren und 1991 gar mit dem Patriarchen von Moskau auf den kalten Moskauer Straßen die Putschisten beruhigen. Nun aber will sich das Oberhaupt der Moskauer Kirche nachdrücklich für ihre Rückkehr in die heimatliche Ikonostase einsetzen.

Neben der Mariä-Himmelfahrts-Kathedrale duckt sich die kleinere * **Mariä-Gewandlegungs-Kathedrale.** Diese von Meistern aus Pskow im 15. Jh. erbaute Kirche wirkt mit ihrer nur einen Kuppel vor dem Kuppelgebirge des Terempalastes geradezu schlicht. Doch ist auch ihr Inneres reich mit alten Fresken aus dem 17. Jh. verziert.

Eine kleine Atempause vom Weihrauchduft erlaubt die Besichtigung von **Glockenturm** und **Zarenglocke,** die den Kathedralenplatz nach Nordosten hin begrenzen. Das Kuriose dieser beiden Kunstwerke besteht darin, daß der hohe Turm keine Glocken beherbergt und die Zarenglocke nie einen einzigen Ton von sich gab.

Die tönenden Glocken sind in der neben dem Turm stehenden Glockenwand untergebracht und werden in naher Zukunft wieder auf traditionelle Weise das Osterfest einläuten. Unglücklicherweise bleibt diese rosige Zukunftsaussicht erwähnter Zarenglocke versagt: Sie hat mit ihren 6 m Höhe und dem Gewicht von 210 t zwar den Größen-Weltrekord gewonnen, aber noch vor dem Erkalten brach ein 11 t schweres Stück aus ihr heraus, so daß die schöne Glocke erst einmal 100 Jahre unbeachtet liegen blieb, bis sie 1836 zur Ansicht auf einen Sockel gehoben wurde.

Unweit der Zarenglocke trifft man auf ein drittes Riesenwerk, das seine Bestimmung nie gefunden hat: Die **Zarenkanone,** 1586 aus Bronze gegossen, wiegt 40 t und sieht technisch einwandfrei aus. Warum aus dem 5,35 m langen Ungetüm kein Schuß abgefeuert werden konnte, weiß vermutlich nur der Hersteller des Schaustücks, Andrei Tschochow.

Südöstlich des Kathedralenplatzes beginnt das „Italien“ des Kremlgeländes: Dort errichtete der mailändische Architekt Alevisio Novi 1505–1509 die **Erzengel-Michael-Kathedrale,** ein würfelförmiges Gebäude im Stil der italienischen Renaissance. In der Grabkirche stehen 46 Sarkophage, in denen sich erstaunlicherweise insgesamt 54 Fürsten und Zaren die letzte Ruhe teilen. Wie dieser Dreisatz physisch gelöst wurde, bleibt eines der vielen russischen Geheimnisse. Auch Iwan der Schreckliche und der von ihm getötete Sohn liegen hier friedlich beieinander. Die Ikone des heiligen Erzengels Michael, nach dem die Kirche benannt wurde, wurde von *Andrei Rubljow* Anfang des 15. Jhs. geschaffen.

Zu den kleinsten, aber wirklich schönsten Gotteshäusern am Kathedralenplatz gehört die ** **Mariä-Verkündigungs-Kathedrale.** Insgesamt neun Kuppeln zieren das Dach der Zaren-Hauskirche: Drei davon waren schon beim ursprünglichen Bauwerk der Pskower Architekten (1484–1489) eingeplant, die anderen sechs wurden später auf Geheiß Iwans des Schrecklichen hinzugefügt. Auch der edle Fußboden aus geschliffenen Jaspisplatten geht auf die Regierungsepoche von Iwan IV. zurück. Wände und Kuppeln sind innen vollständig mit Fresken ausgemalt, die eindrucksvolle Gestaltung der Ikonostase besorgten die berühmten Ikonenmaler *Andrei Rubljow* und *Theophanes der Grieche.*

Der Nikolaus-Turm gibt im Osten Einlaß in den Kreml

Nur wer sich vorher über Intour-Service eine Genehmigung verschafft hat, kann nun im **Sitz des Präsidenten** die * **Wohnung des Wladimir Iljitsch Lenin** anschauen. An den wachhabenden Offizieren darf vorbei, wer das Intour-Schreiben und den Paß vorzeigt, so daß sein Name registriert werden kann. Der

Eines der prachtvollen Regierungsgebäude im Kreml

Der Zar ist groß – die Zaren als Bauherren

Das Privileg, mit seinen 81 Metern das höchste Bauwerk Moskaus zu sein, wurde dem Glockenturm (auch „Iwan der Große" genannt) mit Ende des Zweiten Weltkriegs genommen – zur Zarenzeit wäre das nicht passiert: Boris Godunow, der den Turm um das Jahr 1600 auf die heutige Höhe aufstocken ließ, war rigoros genug, seinen Untertanen ein für allemal das architektonische Überbieten seiner Aussichtsplattform zu untersagen. Der Dichter *Lermontow* versetzte sich 1834 hier oben in einen zarenwürdigen Allmachtsrausch: „O welche Seligkeit, diese unterirdische Musik im obersten Stockwerk Iwans des Großen zu vernehmen, auf die schmale, bemooste Fensterbrüstung gelehnt, bis zu der die ausgetretene, glitschige Wendeltreppe hinaufgeführt hat; zu denken, daß dieses ganze Orchester unter deinen Füßen dröhnt, sich vorzustellen, all das werde für dich allein veranstaltet, du selbst aber seiest der Herrscher über diese außerirdische Welt, der mit den Augen den ungeheuren Ameisenhaufen drunten verschlingt, in dem dir fremde Menschen herumhasten, in der von dir in derselben Sekunde vergessene Leidenschaften brodeln!" Dem gemeinen Besucher, dem der Aufstieg heute verwehrt ist, bleibt nur, die „Rolle der Ameise" würdig auszufüllen…

Weg zum Museum führt in den zweiten Stock. Großmutters Rat „Komm nicht vom Wege ab" sollte unbedingt beherzigt werden, denn das ehemalige Senatsgebäude wird streng überwacht. Neben der aufregenden Nähe zum russischen Staatschef, der hier residiert, hat auch das Museum selbst seinen Reiz. Es birgt die irdischen Güter des kommunistischen Staatsgründers, d. h. Möbel, Bücher, Bilder etc. – alles respektvoll in der alten Anordnung belassen.

2

Auf dem Weg zum Ausgang durch den Dreifaltigkeitsturm fällt der Blick unweigerlich auf das „ungeheuerliche" Machwerk aus der Chruschtschow-Ära linker Hand:

Der **Kongreßpalast** wirkt mit seiner modernen Architektur aus Glas, Beton, Aluminium und Marmor im Kreml-Ensemble reichlich fehl am Platz, aber immerhin bietet er eine gute Akustik, Rolltreppen und viel Platz für Politiker. Im Rahmen der gegenwärtigen Veränderungen soll auch an dieser Stelle wieder einiges umgestaltet werden.

Außerhalb des Kremls erstreckt sich entlang der Westmauer der **Alexandergarten.** Dieser Park wurde im 19. Jh. angelegt und ist inzwischen Tummelplatz unzähliger fliegender Händler, Straßenkünstler und Eisverkäufer geworden. Oft sind die kleinen Zeichnungen der Straßenmaler ein schönes und billiges Andenken an den Kremlspaziergang. Im Norden der Grünanlage legen bis heute frischvermählte Paare am *Grabmal des unbekannten Soldaten,* auf der polierten Granitplatte vor dem „Ewigen Feuer", einen Blumenkranz nieder.

Wen die Füße noch tragen, der sollte den Ausflug mit dem Blick von der Großen Steinbrücke *(Kamjenny most)* beschließen:

Über die Moskwa hinweg bietet sich ein herrliches ** **Panorama:** Gülden funkeln Zwiebeltürme und Kuppeln hinter dem Rot der Kremlmauern.

Weg 2

Moskau wie es jeder kennt

*** **Roter Platz** – ** **Kitaj Gorod** – ** **Warwarka ulitsa**

Dieser Weg ist in höchstens zwei Stunden zu bewältigen und eignet sich gut als „Einstiegstour", um mit der Atmosphäre der Stadt vertraut zu werden und durchs Fernsehen gewonnene Eindrücke mit dem realen Moskau zur Deckung zu bringen. Also: Zeit nehmen, entspannen und durchatmen – auch wenn das hektische Treiben auf den Straßen scheinbar zur Eile mahnt und der „Lungenzug", jedenfalls mit Zigarette, auf dem Roten Platz noch immer verboten ist.

Der *** **Rote Platz** ❶ ist vor allem und überhaupt ein „schöner Platz". So will es die russische Sprache, die für die Attribute „rot" und „schön" ursprünglich nur einen einzigen Ausdruck kannte. Zudem ist er einer der größten Plätze der Welt: Mit seinen 74 831 m² Ausdehnung war das Pflaster schon im 15. Jh. für so manches Spektakel prädestiniert; zur Zeit Iwans III. fanden hier Hinrichtungen statt. Später galoppierten die Tatarenrösser über den Roten Platz in den Kreml, und 1991 kletterten Tausende Moskowiter an dieser Stelle auf die Barrikaden, um gegen die Putschisten zu demonstrieren. Jahrmärkte und politische oder religiöse Aufmärsche gehören zum „Standardprogramm" dieses „Fußabtreters" der russischen Geschichte. Selbst Matthias Rusts geschickte Landung 1987 quittierten die Moskowiter lakonisch mit einem Witz: „Warum darf man auf dem Roten Platz nicht rauchen? – Auf welcher Landebahn darf man das schon!"

Einzig der Aprilscherz eines Moskauer Journalisten erregte 1994 nochmals die

Gemüter: Auf dem Platz fand sich eine große Menschenmenge ein, um der angekündigten Auswechslung der roten Sowjetsterne auf den Kremltürmen gegen den russischen Doppeladler beizuwohnen. Doch die Kräne und Hubschrauber blieben aus …

Das Historische Museum begrenzt den Roten Platz im Norden

Nicht immer ist der Rote Platz frei zugänglich. Wenn das ** **Leninmausoleum** ❷ geöffnet ist, herrscht hier heute noch sowjetische Disziplin. Westliche und östliche „Marktwirtschaftler" stellen sich dann brav in Reih und Glied, um dem kommunistischen Staatschef die Ehre zu erweisen. Übrigens sollten diejenigen, die den einbalsamierten Revolutionär zu Gesicht bekommen wollen, nicht mehr lange zögern: Man munkelt, daß Lenin bald aus seiner klimatisierten Grabkammer auf einen richtigen Friedhof umgebettet werden soll. Bis dahin kann man kostenlos die Grabstätte betreten (🕓 10–13 Uhr, nicht Mo, Fr). Einzige Bedingungen: Keine Worte und keine Fotos machen!

Das Kaufhaus GUM, errichtet im russischen Stil, ist das älteste am Platze

Nach Nordosten hin begrenzt das **Kaufhaus GUM** ❸ (Abkürzung für Staatliches Universal-Geschäft) den Roten Platz. Das um 1890 im russischen Märchenstil errichtete Gebäude mit folkloristischen Wandbildern, farbigen Fensterscheiben, Türmchen und verspielten Stuckarbeiten war zu Sowjetzeiten vor allem wegen seiner Architektur interessant: Der glasüberdachte und angenehm lichte dreistökkige Einkaufspalast prunkte von jeher mehr mit malerischen Springbrunnen, Spiegelwänden, Kronleuchtern und verspielten Stuckverzierungen als mit einer üppigen Warenpalette. Mittlerweile hat sich das Konsumangebot dank dem Einzug westlicher Firmen stark erweitert; statt sowjetischer Tristesse animieren nun Neonreklamen und gefüllte Schaufenster zum Kaufrausch. Einzig die Warteschlangen erinnern an vergangene Zeiten.

Nach einem Bummel im GUM tut frische Luft gut, und zur wunderschönen ** **Basiliuskathedrale** ❹ ist es nicht weit. Die im Süden des Roten Platzes gelegene Kirche fesselt durch ihre vielen bunten Türme und Giebel schon von ferne den Blick. Iwan der Schreckliche ließ sie im 16. Jh. erbauen – als triumphale Erinnerung an seinen Sieg über das Tatarenheer bei Kasan. Baumeister *Posnik Jakowlejew* soll dabei – so die Legende – das tragische Opfer einer arglosen Antwort geworden sein: Er bejahte die Frage, ob er wohl ein noch schöneres Bauwerk zustande bringe, woraufhin Iwan ihn blenden ließ – das Risiko einer „Konkurrenzkathedrale" war dem Zaren wohl zu groß.

Die Anlage ist denn auch bis heute einzigartig geblieben: Auf dem kreuzförmigen Grundriß drängen sich ingesamt neun verschieden große Kirchen unter einem gemeinsamen Dach aus Zwiebelkuppeln, Türmchen und *kokoschniks* (benannt nach den traditionellen Trachtenhäubchen junger Mädchen). Inzwischen werden in der Kathedrale wieder Gottesdienste gefeiert, außerdem bietet sie den festlichen Rahmen für Ausstellungen und Konzerte.

Vor der Kathedrale posieren auf einem Sockel die beiden Befreiungshelden **Minin** und **Poscharski** ❺. Damit wird ihnen der militärische Streich gedankt, mit dem sie Moskau 1612 aus der Hand der Polenkönige erretteten; der 1818 entstandene Bronzeguß gilt als erstes patriotisches Denkmal Moskaus.

Auf der Nordseite des Roten Platzes lädt ein weiteres, erst kürzlich wiederaufgebautes Gotteshaus zur Andacht ein. Die **Nikolai-Kirche** ❻ war in den 30er Jahren abgerissen und durch öffentliche Toiletten ersetzt worden. Ihr Wiederaufbau wurde ausschließlich mit Spendengeldern finanziert.

In dem roten Ziegelbau aus dem 19. Jh. auf der gegenüberliegenden Straßenseite ist das ** **Historische Museum** ❼ untergebracht. Unzählige Bilder, Modelle und Dokumente, die seit 1872 in diesem Museum zusammengetragen wurden, machen die Geschichte Rußlands von der Steinzeit bis zur Gegenwart anschaulich. Erst kürzlich wurde das Haus renoviert und die Ausstellung nach postsowjetischen Gesichtspunkten neu zusammengestellt. Umfang und Fülle bieten allerdings ein selbst für leidenschaftliche Geschichtsliebhaber kaum zu bewältigendes Besichtigungspensum. So lohnt es sich, eine Epoche auszuwählen, anstatt durch sämtliche 48 Räume zu hetzen. Problematisch für Sprachunkundige ist die nach wie vor ausschließlich kyrillische Beschriftung der Exponate, so daß man evtl. auf die Hilfe eines Führers angewiesen ist. 🕓 Mo, Mi–So 11–17.45 Uhr.

Hinter dem Museum ragt der **Spassky-Turm** ❽ des Kremls empor, durch dessen Tore fast wie auf einem Fließband schwarze, chromglänzende Wolga-Limousinen flitzen. Der polnische Autor *Richard Kapuszinski* vermutete deshalb, daß sich hinter der Kremlmauer Moskaus repräsentativste Autofabrik verberge, denn stets verlasse dieselbe Marke das Gebäude – zudem für Moskauer Verhältnisse verblüffend sauber. Daß es sich in Wirklichkeit um die emsigen Politiker handelt, die in stets fabrikneuen Karossen alte Wege befahren, weiß natürlich auch Kapuszinski. Vorsicht: Offenbar ist die „Perspektive" auch für die Chauffeure hinter den verdunkelten Scheiben nicht besser geworden, so daß man beim Verlassen des Historischen Museums geradezu symbolisch mit der „Gefahr von rechts" zu rechnen hat!

In der Nikolskaja ulitsa befindet man sich bereits auf dem Boden des ehemaligen Kaufmannsviertels ** **Kitaj Gorod** („mittlere Stadt" nach einem tatarischen Wort; irrtümlich wird der Name allerdings oft von *Kitaj* – China – abgeleitet). Seit dem 15. Jh. sammelten sich in diesem Viertel Kaufleute und Handwerker, die von der blaublütigen

Das perfekte Ambiente für Feierlichkeiten: die Basiliuskathedrale

Nachbarschaft im Kreml profitieren wollten. Ein Jahrhundert später wurde der Bezirk mit einer roten Ziegelmauer umgeben, deren Reste in der Nikolskaja ulitsa und auf dem Platz Warwarskie Worota teilweise zu sehen sind.

Auch in dieses Viertel ist – ausgerechnet Hand in Hand mit der Marktwirtschaft – alte Tradition zurückgekehrt: Auf der Nikolskaja und der Illinka ulitsa herrscht geschäftiges Treiben, überall schießen kleine Kioske aus dem Erdboden, und Menschenmassen drängen sich beim Handeln und Feilschen. Daß Bettler und Taschendiebe ebenfalls zum Bild des neuerwachten Geschäftslebens gehören, wollen viele Moskauer nur ungern wahrhaben. Für Touristen gilt die Devise: Ein Auge auf die Souvenirs, eins auf die Wertsachen und ein drittes auf die schönen Häuserfassaden und Hinterhöfe dieses Viertels!

Eines der ersten Gebäude in der Nikolskaja ulitsa ist das Schuldgefängnis aus dem Jahre 1740. In dem aus dem 17. Jh. stammenden Haus der Münze gleich dahinter wartete einst der Bauernführer Pugatschow (s. S. 74) auf seine Hinrichtung; die Mauern und düsteren, verfallenen Hinterhöfe scheinen die Erinnerung an die schaurigen Ereignisse der Vergangenheit bewahren zu wollen.

Augen(ge)fällig durch seine weißgrüne Fassade ist ein von den Architekten *Bakarew* und *Mironowski* errichtetes Gebäude aus dem Jahre 1814. Doch bietet es nicht die einzige frisch restaurierte Vorderansicht in dieser Straße; der blühende Handel hat vielen Geschäftshäusern zu einem neuen Anstrich verholfen. Am Ende der Straße trifft man auf eine Apotheke, in der schon 1898 der Deutsche Karl Ferrin seine Pillen drehte. Nach wie vor gilt sie im Volksmund als die „Nummer eins" der russischen Apotheken.

Mit ein bißchen Geschick und Intuition kann man den Menschenmassen ausweichen, wenn man rechtzeitig von der Nikolskaja ulitsa abbiegt und sich ostwärts zum **Neuen Platz** durchschlängelt. Hier verbirgt sich – hinter einer „neo-altrussischen" Fassade auf der Nordostseite des Platzes – das * **Polytechnische Museum** ❾, ein monumentaler „Parkplatz" für 25 000 technische Modelle: Oldtimer und andere Luxusfahrzeuge, aber auch Roboter gehören zum eindrucksvollen Bestand. Für Spezialisten anderer Fachgebiete ticken, klappern und surren in den über 50 Sälen Exponate aus Bergbau, Chemie, Astronautik, Elektrotechnik. 🕓 Di bis So 10–18 Uhr, Nowaja pl. 3/4.

„Technikbanausen" können währenddessen das **Museum zur Geschichte und Rekonstruktion Moskaus** ❿ gegenüber besuchen. In der Sammlung sind Waffen, Münzen, Geschirr u. a. ausgestellt – alles original aus dem Moskauer Erdboden ausgegraben. 🕓 Di–So 11–18 Uhr, Nowaja pl. 12.

Zur traditionellen architektonischen Kulisse der Kitaj Gorod findet man über den **ploschad Warwarskie Worota** ⓫ zurück. Dieser gehört zwar geographisch schon zum angrenzenden Bezirk der ehemaligen „Weißen Stadt", ist aber architektonisch und atmosphärisch ebenso dem Moskau des 16. bis 18. Jh. verwandt wie die Kitaj Gorod. Davon zeugen die gelbweißen Kaufmannshäuser und klassizistischen Kirchen, die es hier und in den Nebenstraßen zu entdecken gilt.

Etwas nördlich des riesigen Platzes steht in der Archipowa ulitsa eine der beiden *Synagogen;* wenn an hohen jüdischen Feiertagen die Gläubigen vor der Synagoge tanzen und singen, wird die Straße für den Verkehr gesperrt. Zur Zeit der Sowjetunion war es gerade umgekehrt: Um das Fest zu verderben, wurden alle anderen Straßen abgeriegelt, so daß der ganze Autoverkehr an der Synagoge vorbeibrausen mußte.

Biegt man in die zum Roten Platz zurückführende ** **Warwarka ulitsa** ein, entfaltet sich vor dem Betrachter das gesamte Architekturpanorama des 16. bis 18. Jhs.: Auf der rechten Seite säumen Kaufmannshäuser und die Fassaden des **Alten Kaufhofs,** nach Plänen des Architekten *G. Quarenghi* errichtet, die Straße; links schmiegen sich Kirchen, Bojarenhäuser und kleine Paläste aneinander. Gleich zu Beginn der Straße fallen die 5 Kuppeln der **St.-Georgs-Kirche** ⑫ (17. Jh.) ins Auge. Beeindruckender durch ihre reiche Innenausstattung ist jedoch die in einer kleinen Nebengasse gelegene **Dreifaltigkeitskirche** in **Nikitniki** ⑬. Schon von ferne leuchten ihre in kräftigem Weinrot gehaltenen Wandflächen und die grünen Kuppeln dem Besucher entgegen. Die Fresken im Innern stammen von *Simon Uschakow,* der im 17. Jh. durch seine Helldunkeltechnik der russischen Ikonenmalerei neue Impulse gab. Wer dem Maler stärkeres Interesse entgegenbringt, kann in der Ipatjewski pereulok um die Ecke das kleine Haus des Meisters selbst bewundern.

Zwei der schönsten Gebäude in der Warwarka ulitsa stehen im Schatten des größenwahnsinnig konzipierten Hotels Rossia: das **Znamenski-Kloster** und das **Stammhaus der Romanows** ⑭. Die mit fünf Kuppeln versehene Kloster-Kathedrale wurde unter dem Romanow-Zar Fjodor III. erbaut. Ursprünglich gehörten auch der Glockenturm aus dem 18. Jh. und das erwähnte Bojarenhaus zum Kloster. Heute ist in dem Bojarensitz (17. Jh.) eine Filiale des Histor. Museums untergebracht.

Fast am Ende der Straße – zwischen der weißen **Maksim-Kirche** (17. Jh.) und der wunderschönen klassizistischen **Warwara-Kirche** – ist das Wohngebäude zu sehen, das Iwan der Schreckliche im 16. Jh. dem Botschafter des englischen Königs schenkte: In dem ehemaligen Diplomatensitz werden jetzt Ausstellungen präsentiert. Heutige Diplomaten und die russische Schickeria lieben es anscheinend eher amerikanisch denn britisch: In der Warwarka ulitsa 6 hat sich als Kontrapunkt der Nachtclub „Manhattan Express“ (s. S. 30) etabliert. Disko, Shows und Glamour gehören eben mit zur Renaissance eines ehrwürdigen Kaufmannsviertels.

Junge Moskauer beim Austausch der letzten Pop- und Rock-News

In der Herzen-Straße feiert der Klassizismus Triumphe

Das Erlösertor ist den Mitgliedern der Regierung vorbehalten

Die Rückfront des Historischen Museums

Weg 3

3

Entlang der ältesten Metrolinie Moskaus

Vom Lermontow-Platz zur Staatsbibliothek

Der historische Ariadnefaden dieser Tour ist die erste Metrolinie, mit der in den 30er Jahren das pompöse Verkehrslabyrinth in Moskaus Untergrund seinen Anfang nahm. Den Verlauf der Metro im Auge zu behalten, empfiehlt sich auch, weil gerade im Stadtkern Spaziergänge durch mörderisches Verkehrschaos und endlos breite Straßen leicht zur Qual werden. Da lohnt es sich „unterzutauchen" und Moskaus „Untergrund" gleich im doppelten Sinne zu entdecken: Denn Moskaus lichtscheuere Marketender bieten in den Metrotunneln ein heilloses Durcheinander an Pornographie, Kitsch und Kunst feil. Die am Rand kauernden Bettler wirken wie ein ungewollter Kommentar zum marktwirtschaftlichen Dilemma: Wer sich nicht behaupten kann, wird selbst „ganz unten" noch abgedrängt …

Zum Start der etwa vierstündigen Tour taucht man am Lermontow-Platz (Ⓜ Krasnye Worota) aus der „Unterwelt" auf. Nicht zu übersehen sind gleich zu Beginn das **Verkehrsministerium** bzw. das **Hotel Leningradskaja** ⓯. Die gigantischen Bauklötze gehören zu den „Sieben Schwestern", die Stalin rund um den Stadtkern erbauen ließ; Stalins Tod ersparte Moskau weitere „Zuckerbäckerbauten" – wie dieser Stil bis heute genannt wird. Allerdings entdeckte Stalin in diesen Hochhäusern keine Ähnlichkeit mit süßem Konditoreigebäck: Für ihn war die neugeschaffene Stilrichtung konsequenter „Ausdruck des Sozialismus".

Ein Abstecher stadtauswärts wird mit dem Anblick des farbenfrohen Ensembles gleich dreier russischer Bahnhöfe belohnt: Um den ** **Komsomolplatz** ⓰ gruppieren sich der **Petersburger Bahnhof** (1849–1851) von *Konstantin Thon*, der auch den großen Kremlpalast erbaute; der im Jugendstil gehaltene **Jarowslawer Bahnhof** (1902) von *Schechtel*, dem Moskau noch viele andere Jugendstilpaläste verdankt; und der mit altrussischen und östlichen Motiven geschmückte **Kasaner Bahnhof** von *Schtschussew*, der u. a. das Leninmausoleum entwarf.

Ebenso bunt und vielfältig wie die Architektur ist das Völkchen, das hier lautstark Gepäckstücke verlädt, exotische Waren feilbietet oder Verwandtschaft zu finden versucht. Immerhin können hier Reisen nach China, in die Mongolei und nach St. Petersburg gestartet werden – Abenteuerfahrten, die heute zum normalen Alltag vieler russischer Handlungsreisender gehören.

Im Gegensatz zu den tristen Militär- und Fabrikkomplexen um die Bahnhöfe ist das südwestlich des Lermontow-Platzes gelegene Viertel von aristokratischer Pracht.

In dem schimmernd roten Palast aus dem 18. Jh. am Anfang des **Bolschoi Charitonjewski**, das einst dem Grafen Wolkow gehörte, verbrachte Puschkin einige seiner Jugendjahre. Weiter stadteinwärts findet sich die erste Adresse für alle, die den Moskauer Ehehafen ansteuern: Das größte russische Standesamt (SAGS) beanspruchte jahrelang zudem das Privileg, über grenzüberschreitende Verbindungen zu entscheiden. Jetzt dürfen sich national gemischte Paare auch anderswo trauen …

Um den **Tschistoprudny bulwar** machte sich seinerzeit Menschikow ökologisch verdient. Die beiden „sauberen Teiche", nach denen der Boulevard benannt ist, waren als *grjaznyje prudy*, „Drecksteiche", verschrien. In sie kippten die hier ansässigen Schlachter ihre Abfälle, bis es Fürst Menschikow buchstäblich stank: Er kaufte kurzerhand die ganze Gegend auf, ließ die Teiche säubern, und fortan hießen sie „saubere Teiche".

Der adlige Saubermann verewigte sich auch architektonisch: Um Petersburg zu zeigen, was „spitze" ist, ließ er die ** **Erzengel-Gabriel-Kirche** ⑰ mit einem extravaganten Turm versehen. Die Petersburger sollen prompt die noch spitzere Peter-und-Pauls-Kirche erbaut haben. Heute sind Kirche und Turm zwar nur noch kuppelverziert, doch lohnt der Blick ins malerische Innere.

Unermüdliche Fußgänger können in Richtung Lubjanka-Platz nun durch die Gäßchen des ehemaligen armenischen Wohnviertels spazieren.

An der Metrostation „Lubjanka" liegt das ** **Majakowski-Museum** ⑱, ein Beispiel für ernstgenommene *perestroika*. Im Oktober 1989 haben *Taras Poljakow* und *Jewgeni Anaspurow* den nüchternen Museumsbau mit Leben und Werk des Dichters Majakowski (1895–1930), der dem Konstruktivismus und Futurismus zugerechnet wird, zu einem gelungenen Gesamtkonzept verwoben. Ganz im Sinne des Tschechow-Zitats: „Wenn im ersten Akt die Pistole auftaucht, muß im 3. Akt der Schuß fallen", wird der Besucher schon im Eingangsraum mit einer überdimensionalen Pistole konfrontiert, bevor er im Obergeschoß auf das Zimmer trifft, in dem sich Majakowski erschoß.

Aber das ist nicht das einzige Detail, welches auf mehreren Ebenen vorgeführt und variiert wird: So entpuppt sich ein Kleiderschrank aus Majakowskis Kindheit in Georgien von der anderen Seite her als aufgeklapptes Buch; ein Farbmotiv aus seinen Gedichten wird zur Blutspur; und die scheinbar belanglosen Sitzgelegenheiten in der Garderobe wandeln sich gar zu den symbolhaften „12 Stühlen" aus einem Majakowski-Werk. Der Betrachter wird buchstäblich in die künstlerischen Experimente Majakowskis miteinbezogen. Und auch wer noch nie von dem Dichter, seinem Werk und

Sowjetkunst in einem Bahnhof

Der Komsomolplatz heißt auch „Platz der drei Bahnhöfe"

Lenin lebt im Museum weiter

Tip

In der Mjasnitskaja ulitsa 19 bietet das durch seine chinesische Fassade augenfällige **Haus des Tees** seiner Tradition getreu eine große Sortenauswahl. Leider kann der sehr gute Tee hier nur gekauft und nicht getrunken werden, doch das werden Nachfrage und Zeitgeist wohl bald ändern.

dem in diesem Gebäude verübten Selbstmord gehört hat, wird spätestens durch den engagierten und vorzüglich deutsch sprechenden Museumsdirektor Adolph P. Aksenkin in Bann gezogen. Di–So 10–17 Uhr, pr. Serowa 3/6.

Auf der gegenüberliegenden Seite des Lubjanka-Platzes fällt der Blick auf eines der traurigsten Symbole der Sowjetunion: die Gebäude des KGB. Das Zitat aus Ilja Ehrenburgs „Leben und Tod des Nikolai Kurbow" spricht für sich: „Sie haben das Haus in Besitz genommen, ein ganz gewöhnliches Haus. Sie haben sich dort eingerichtet und solche Greuel begangen, daß jeder, der vorübergeht, sogar in der Sommerhitze, ins Frösteln gerät und zur Sicherheit auf die andere Straßenseite wechselt ..." Zynismus der politischen Wende: Mit viel Geld bezahlen Russen und Touristen heute das Schaudern, mit dem sie im **KGB-Museum** ⓳ Taten und Untaten des Geheimdienstes in den berüchtigten 30er Jahren nacherleben. Vielleicht lohnt es sich eher, am Hintereingang nach zwielichtigen Gestalten in grauen Regenmänteln auszuspähen? Zuständig für die „KGB-Show" im Hauptgebäude an der Lubjanka: Valeri Georgijewitsch (Dzerschinski-Club, ☎ 224 19 82, FAX 975 24 70). Voranmeldung auch über Reiseagenturen.

Weniger düster geht's im **Kaufhaus Detski mir** ⓴ zu, einem architektonisch eindrucksvollen Gebäude für Kinderwaren. Allerdings scheinen die kleinen Moskowiter große Ansprüche zu stellen: Nicht allein simple Barbiepuppen oder Mischka-Teddys erfreuen heutige Kinderherzen, im Glaskasten des Autosalons im Erdgeschoß werden amerikanische Luxusautos offeriert, und neben Kindersöckchen läßt sich in der zweiten Etage auch das ein oder andere Dessous für die reifere Dame erwerben. Billiger und oft besser ist das Angebot vor der Kaufhaustür: In einer langen Reihe bieten hier Frauen Selbstgestricktes, Spitzendeckchen, Kinderwagen und Spielzeug feil. Mit etwas Glück entdeckt man noch eines der traditionellen (und stabilen) Holzspielzeuge, die leider immer mehr von den Plastik- und Gummiwaren verdrängt werden.

Wer nicht im **Hotel Metropol** zu einer Espresso-Pause einkehren will, sollte auf dem mit Bänken ausgestatteten ***Theaterplatz** eine kleine Rast einlegen. Vor der klassizistischen Kulisse dreier berühmter Moskauer Theater:

Im Norden das **Bolschoi-Theater** ㉑, östlich davon das **Maly-Theater** ㉒ und westlich das **Kindertheater** ㉓ – so wird der Platz selbst zur Bühne: Hier treffen sich alle, die flanieren, ins Theater gehen oder nur ein gemütliches Stündchen verbringen wollen. Nicht zu vergessen: die Schwarzhändler mit ihrem „Kartentrick", der die Teilnahme an ausverkauft geglaubten Theateraufführungen oft doch noch möglich macht.

Natürlich gilt die größte Nachfrage den Vorstellungen des Bolschoi-Theaters (s. S. 28), das seinem Ruf gerecht wird, auch wenn Maja Plisetskaja nicht auftritt. Daß die Primaballerina sich hier inzwischen so rar macht, liegt keineswegs an ihrem Alter – die über 60jährige tanzt unermüdlich –, sondern an ihrem neuen Wohnsitz Paris.

Vom Theaterplatz sind es nur wenige Schritte zu einer Freilichtbühne, auf der „Polittheater" gespielt wird: Direkt vor dem Eingang des ***Zentralen Lenin-Museums** ㉔ treffen sich am **Platz der Revolution** derzeit die Mitglieder kommunistischer und nationalistischer Splittergruppen, um ihre antisemitischen Schriften und Reden zu verbreiten. Ein objektiveres Bild der Vergangenheit gibt das Museum, das mit 34 Sälen und einer unendlichen Zahl von Exponaten zum Thema „Lenin" beeindruckt. Vor allem das Bildmaterial ist aufschlußreich, obwohl dem aufmerksamen Betrachter Retuschen auffallen: Einige der von Stalin liquidierten Genossen Lenins wurden selbst auf den Fotografien ausgelöscht, und der Name Trotzki wird z. B. nicht einmal erwähnt. Doch seit der politischen Wende bemüht man sich im

Museum, auch die „weißen Seiten“ im sowjetischen Geschichtsbuch zu beschreiben. Ⓒ Di–So 9.30–18 Uhr; Revoluzii pl. 2.

Vielen ein Schreckensgebäude: Das KGB-Hauptquartier

Direkt an den Revolutionsplatz schließt sich eine der beliebtesten Baustellen Moskaus an: Die Baggerarbeiten auf dem **Manegeplatz** werden interessiert beäugt und heiß diskutiert. So munkelt man, daß die Regierung nun endlich doch den Suchbefehl nach der legendären Bibliothek Iwans des Schrecklichen ausgegeben habe, die offenbar buchstäblich vom Erdboden verschluckt wurde; von anderer Seite ist zu hören, daß hier ein riesiges Einkaufszentrum entstehen soll.

Anmut und Grazie auf der Bühne des Bolschoi-Theaters

Wer nicht auf Iwans Folianten warten möchte, kann eine eindrucksvolle Sammlung russischer und ausländischer Literatur in der **Staatsbibliothek Rußlands** ㉕ begutachten, die über 29 Millionen Bücher, Zeitschriften und Manuskripte beherbergt, darunter Handschriften aus dem 11. Jh. sowie Erstausgaben der Werke von Nikolaus Copernicus und Giordano Bruno. Wem die Zeit zum Lesen zu knapp ist, muß sich mit der Außenfassade des Hauses begnügen: Hier tummeln sich auf einem Flachrelief eine Reihe bedeutender Gelehrter sowie Arbeiter, Bauern und Soldaten.

Märchen werden auf der Bühne des Maly-Theaters wahr

Der Manege-Ausstellungssaal (1812)

Reich an Historie und Legenden: Die Aristokraten ritten hier nicht nur auf dem Pferderücken im Kreis, Graf Lew Tolstoi schwang sich Anfang des 20. Jhs. als über 70jähriger noch einmal in den Sattel – des ersten Fahrrades, das in der Ausstellungshalle vorgeführt wurde. Nach eigenen Angaben soll Tolstoi der vor ihm radelnden Dame dabei dauernd auf die Schleppe gefahren sein – „magisch angezogen“ von dem wallenden Vorhang, wie er später zu seiner Entschuldigung erklärte. Nach der Revolution wurde das Gebäude saniert, ein Unterfangen, das vorwiegend darin bestand, die aus Tabak bestehende Dachisolierung aufzurauchen. Statt dessen ummantelte man das Holzgebäude mit viel Beton, stützte es mit Stahlträgern und parkte die Kreml-Limousinen darin. Heute werden hier wechselnde Ausstellungen präsentiert.

WEGE 2–5

Weg 2

1. Roter Platz
2. Leninmausoleum
3. Kaufhaus GUM
4. Basiliuskathedrale
5. Denkmal von Minin und Poscharski
6. Nikolai-Kirche
7. Historisches Museum
8. Spassky-Turm
9. Polytechnisches Museum
10. Museum zur Geschichte Moskaus
11. ploschad Warwarskie Worota
12. St.-Georgs-Kirche
13. Dreifaltigskeitskirche in Nikitniki
14. Znamenski-Kloster

Weg 3

15. Hotel Leningradskaja
16. Komsomolplatz
17. Erzengel-Gabriel-Kirche
18. Majakowski-Museum
19. KGB-Museum
20. Kaufhaus Detski mir
21. Bolschoi-Theater

22 Maly-Theater
23 Kindertheater
24 Zentrales Lenin-Museum
25 Staatsbibliothek Rußlands

Weg 4
26 Peter-Kloster
27 Zentraler Markt
28 Obrastsowa Puppenmuseum/-theater
29 Museum der Volkskunst
30 Durowtheater und -museum
31 Wasnezow-Hausmuseum

Weg 5
32 Puschkin-Platz
33 Zentrales Revolutionsmuseum
34 Patriarchenteiche
35 Tschechow-Hausmuseum
36 Typisches Hochhaus der Stalinzeit
37 Gorki-Hausmuseum
38 Gorki-Museum
39 Haus der Freundschaft mit den Völkern des Auslands
40 Museum für Kunst und Kultur des Orients

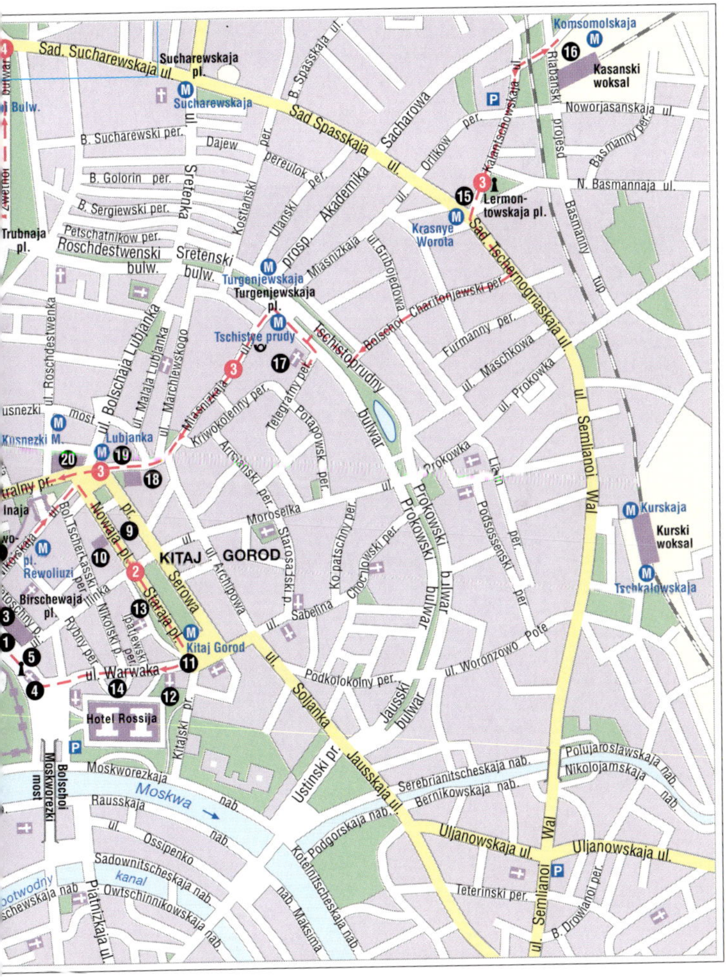

Weg 4

Für große und kleine Kinder

**** Petrowka ulitsa – Zwetnoi bulwar – Durowa ulitsa – Sucharewskaja**

4

Einst war dieses Viertel durch einen Wall vom anliegenden Wohngebiet der Adligen getrennt. Hier lebten die Handwerker und Waffenmacher des alten Moskau, doch heute zeugen davon nur noch vereinzelte Schusterläden oder alte Straßennamen wie Karetny rjad (Kutschenstraße) oder Kusnezki most (Schmiedebrücke). Statt dessen sind die kleineren Straßen von (neo)klassizistischen Häusern, schönen Kirchen und Stille geprägt und bilden damit einen beschaulichen Kontrast zu den mit Baustellen, Verkehrslärm und Menschengedränge „gesegneten" Schneisen, die vom Garten- und Boulevardring aus durch den Bezirk geschlagen wurden.

Die empfohlene Route ist länger als die anderen und läßt sich kaum per Metro oder Bus abkürzen. Je nach Konstitution und Wanderlust sollte man sich daher eventuell zwei Tage Zeit nehmen. Dann kann man die erste Halbzeit an der Metrostation „Tschechowskaja" beginnen und die Innenseite des Gartenrings entlangspazieren; der „Wiederanpfiff" erfolgt am zweiten Tag an der Metrostation „Sucharewskaja", von der aus sich das Terrain nördlich des Gartenrings erkunden läßt.

Tip: Die nördliche Route ist ein schöner Ausflug für Kinder: Wasnezows Märchenholzhaus, das Theater der Tiere, Puppenmuseum und -theater sowie das Museum für Volkskunst sind ab Ⓜ Suchajewskaja gut zu erreichen. Vom Museum der Volkskunst fahren die Trolleybusse „B" und „10" sowohl zur Ⓜ Majakowskaja wie auch zurück zur Ⓜ Sucharewskaja.

Vom Tschechow-Platz gelangt man durch eine der vielen kleinen Gassen zur **** Petrowka ulitsa,** die (neben Twerskaja und Arbat) allmählich zur dritten Einkaufs- und Handelspromenade avanciert. Unzählige kleinere und größere Geschäfte, Bazare, Restaurants und Cafés säumen die zwischen Theaterplatz und Boulevardring verlaufende Straße, und vor allem das dem Bolschoi-Theater gegenüberliegende **ZUM** und die frisch restaurierte **Petrowski-Passage** (s. S. 24) sind einen zweiten Blick wert.

Die Kaufhäuser spiegeln das alte und neue Moskau wider: Im ZUM – früher eines der renommiertesten Warenhäuser – wirkt das Angebot nun dürftig und überteuert, die Petrowski-Passage dagegen ist zwar gut bestückt, aber fast ausschließlich mit Westimporten. Besser und billiger einkaufen läßt es sich in den verschiedenen Universalny-Magazin-Gebäuden, die Schmuck, Lackarbeiten und bunte „Russentücher" im Angebot haben.

Für eine Pause bieten sich mannigfache Möglichkeiten: Wer nicht zum nostalgischen Sowjet-Diner in das Kellerrestaurant **Byloe –** „Die Gestrigen" – (s. S. 22) einkehren möchte, hat beispielsweise die Möglichkeit, an der Kreuzung von Petrowka und Kusnezki most ein russisches Lokal aufzusuchen.

Im **Druschba** (Kusnezki most Nr. 7/9, ☏ 923 10 24) kann man sogar im Sitzen – ein durchaus nicht selbstverständliches Privileg in russischen „Kafes" – kleine Gerichte und süße Teilchen sowie Kaffee, Tee, Saft oder Spirituosen zu sich nehmen: Auch das nach russischer Manier randvoll gefüllte Glas Wodka gehört von 8–20 Uhr zum Tagesgedeck. Last but not least darf im Café – auf Anfrage sogar mit, sonst ohne Aschenbecher – geraucht werden, ein Entgegenkommen, das sonst oft nur die auf Tourismus eingestellten größeren Gaststätten gewähren.

Schon von ferne sind die schimmernden Zinnen des **Peter-Klosters** ㉖ aus dem 17. Jh. am nördlichen Ende der Petrowka ulitsa zu sehen; ein achteckiger Turm ragt hoch über das dreibogige Haupttor des roten Ziegelbaus empor. Heute ist im Kloster das **Literaturmuseum** mit einer interessanten Austellung zur russischen Literatur des 17. und 18. Jhs. untergebracht. Zugang zur Klosteranlage mit ihren vielen Arkaden und der Kirche findet man über einen Hof des dahinter liegenden Boulevardrings.

Wer der Verlängerung der Petrowka ulitsa über den Boulevardring (dann: Karetny rjad) folgen möchte, sollte die Grundregel des russischen Verkehrslebens beherzigen: Recht hat der Stärkere, in diesem Falle die den Boulevard entlangrasenden Autos, auch wenn grüne Fußgängerampeln oder Zebrastreifen Gegenteiliges suggerieren mögen.

Vom Wettlauf mit der Zeit und den Autos kann man sich dann allerdings sehr hübsch im klassizistischen * **Eremitage Park** erholen, beim Schlendern durch die alten schattigen Alleen oder friedli-

Im Theater der Tiere treten die Vierbeiner auf

Elegantes Shopping in der Petrowski-Passage

4

Die Jessenins, eine dramatische Familie

Vom Tschechow-Platz nach Nordosten verläuft die von niedrigen gelben Häusern gesäumte *Moskwina ulitsu*, deren friedlicher Charme so wenig wie das dort gelegene gemütliche Café Swertschok an das aufreibende Leben des Schriftstellers *Sergej Jessenin* (1895 bis 1925) gemahnt, der Haus Nr. 8a bewohnte. Dabei herrschte im Leben dieses „letzten Poeten des Dorfes", wie Jessenin sich selbst bezeichnete, an makabren wie spektakulären Details kein Mangel: Seine Ehefrau, die amerikanische Tänzerin *Isadora Duncan*, wurde tragisches Opfer ihrer Eitelkeit, als sie beim Cabrioletfahren nicht auf ihren wallenden Schal verzichten wollte. Dieser verfing sich in den Rädern des Wagens, und es hielt zwar das seidige Gespinst, nicht aber der Chauffeur. So kam Isodora zu Tode. Der Dichtergatte folgte ihr freiwillig ein Jahr später, wobei er der Nachwelt ein mit Blut aus seinen Pulsadern geschriebenes Gedicht hinterließ, das mit den Worten endete: „Sterben ist nicht neu, Leben nicht viel neuer." Er selbst verschied erst am darauffolgenden Tage: Nachdem der erste Selbstmordversuch gescheitert war, erhängte er sich in seinem Leningrader Hotel an einem Heizungsrohr. Einen lebensfroheren Eindruck macht sein gleichfalls populärer Sohn *Konstantin Jessenin:* Er galt zu Sowjetzeiten als bekanntester Fußballkritiker der UdSSR.

chen Dösen neben den Marmorstatuen an den Teichen. Russische Selbstbedienungscafés erhöhen noch den Reiz der Idylle. Wer allerdings lieber das lebhafte Bazartreiben auf dem **Zentralen Markt** ㉗ genießen oder dort einkaufen möchte, sollte nicht zu lang verweilen und über die Karetny Pereulok dem Zwetnoi Bulwar zustreben. Wochentags von 8 bis 18 Uhr, sonntags bis 16 Uhr kann man sich hier mit dem Nötigsten – und mehr – für die nächste Dinnerparty eindecken, denn alter Tradition folgend bringen Babuschka und Bäuerchen, „fliegende Händler" aus Grusinien und Aserbaidschan ihre Ware zum Markt, um die dann lautstark gefeilscht wird.

Gleich nebenan, im **Russischen Zirkus,** braucht man eine vorbestellte Karte, will man einen Blick auf das lebendige Treiben im Kuppelbau werfen. Auch „nur mal kurz gucken" gilt nicht, der menschliche „Wachhund" am Eingang beherrscht seine Nummer zu gut.

Ermüdete Fußgänger können hier die Tour beenden und von der nahen Ⓜ Zwetnoi bulwar zurück in die Innenstadt fahren. Allen anderen sei der Abstecher über den östlichen Gartenring zum ** **Obrastsowa Puppenmuseum und -theater** ㉘ (S. Samotjotschnaja ul. 3, ☎ 299 53 73) empfohlen. Das Theater gehört zu den populärsten Moskauer Puppenbühnen, die übrigens durchaus nicht nur für minderjährige Zuschauer spielen. Während tagsüber um 11, 14 und 17.30 Uhr „Zar Saltan" oder „Der gestiefelte Kater" kleine Zuschauer in den Bann schlagen, sorgte beispielsweise 1991 eine Erwachsenenaufführung am Abend für skandalöse Enthüllungen: Damals trat in einer Don-Juan-Inszenierung erstmals eine vollständig nackte Puppe vor die Augen des schockierten Publikums … Neben dem Theater lockt das Museum: der dumme Petruschka, Pierrot, aber auch die schreckliche Hexe Baba Jaga, Dämonen und Zauberer sind aus nächster Nähe zu bestaunen. Im dazugehörigen Café gibt es alkoholfreie Getränke, Snacks und Eiscreme – all das muß aber vollständig im (Kinder-)Mund verschwunden sein, bevor man die teppichbelegten Stufen des Theaters erklimmen darf.

In der Delegatskaja ulitsa 3, nur einen Steinwurf vom Puppenmuseum entfernt, sind im **Museum der Volkskunst** ㉙ (🕓 Mo, Mi, Sa, So 10–18 Uhr, Di, Do 12.30–20 Uhr, ☎ 921 01 39) farbenprächtige Volkstrachten, Möbel, Spielzeug, Porzellan und Birkenholzarbeiten zu besichtigen – und in dem zweistökkigen **Torhaus** daneben auch gleich käuflich zu erwerben.

Stadtauswärts führt die Delegatskaja ulitsa dann zu einer weltweit einzigartigen Attraktion, dem ** **Durowtheater und -museum** ㉚ (Durowa ulitsa 4, ☎ 281 29 14. Theatervorstellungen tgl. 14, 16 und 18 Uhr; Museum: 🕓 Sa, So 11 Uhr und 14 Uhr).

1911 zog der sagenhafte Hypnotiseur und Dresseur Durow (1863–1934) mit seiner „Familie" in das mehrstöckige Haus und sorgte damit in Moskau für Furore: Ein Hund, ein Schwein und eine Gans bildeten seinen seltsamen Anhang; bald kam noch ein Affe dazu, der ein liebevoll eingerichtetes Kinderzimmer bewohnte. Die kleinen Nummern, die Durow mit seinen Tieren einstudierte, verhalfen ihm bald zu Berühmtheit und zu einem eigenen Theatergebäude. Dazu trug auch bei, daß der Maestro nicht nur Pelikane, Waschbären, Robben, Kätzchen und Bären (ohne Peitsche!) zu bändigen verstand, sogar ein Walroß und ein Gürteltier gehörten zu seiner Truppe.

Alle seine „Künstler" sind heute ausgestopft in dem Museum zu bewundern, meist wie in ihren einstigen Starnummern: So sitzen Bär, Schwein, Steinbock, Fuchs, Henne, Marder, Pudel und Biber bei der „Konferenz der Tiere" einträchtig um den Küchentisch einer Datscha. Die Sensation aber ist die klassische Repertoire-Nummer „Die Stadt der weißen Mäuse" zum Abschluß der Führung.

Durow war in Moskau nicht allein wegen seiner spektakulären Dressuren berühmt, sondern auch ein geschätzter Verhaltensforscher und Mitglied der Akademie der Wissenschaften. Seine Enkelin hat dem Theater erneut zu Renommee verholfen, und so geht es in dem kreisrunden Gebäude vor jeder Vorstellung hoch her, wenn Kinder und Erwachsene ihre untergebrachten schauspielernden „Lieblinge" besuchen. Seit allerdings der kinderliebe Wolf „Daniil" ein kleines Mädchen nicht mehr zur Mutter bzw. diese nicht zum Kind lassen wollte, ist das Streicheln der Tiere verboten.

Zurück ins Stadtinnere führt der Weg an der Moschee in der Durowa ulitsa vorbei und über die Meschtschanskaja ulitsa durch ein malerisches, etwas verfallenes Stadtviertel, in dem alte Babuschkas auf ebenso alten Bänken vor sich hinsinnen und die Stille nur ab und zu von Kinderstimmen unterbrochen wird.

Biegt man jedoch rechts in die Wasnezowa pereulok, kann man auf Nr. 13 das in einer uralten Holzdatscha untergebrachte **Wasnezow-Hausmuseum** ㉛ besichtigen. Der neoromantische Künstler Viktor Wasnezow (1848–1926) hat sein Wohnhaus selbst entworfen und gestaltet; vor allem die mit russischen Märchenmotiven bemalten Innenwände sind eine Besichtigung wert. 🕓 Mi–So 10–17 Uhr.

Vom Museum ist es nicht mehr weit zur Ⓜ Sucharewskaja, die man erreicht, wenn man der Meschtschanskaja ulitsa und dann dem Gartenring in Richtung Westen folgt.

Nimmermüde runden den Tag mit einer Schwitzkur in der **Sandunowskaja Banja** ab (Neglinnaja ul. 14, Eingang auf 3–7, ☎ 925 46 31), die wegen ihres verblichenen herrschaftlich gefliesten Ambientes als erste Banja-Adresse Moskaus gilt (ab Ⓜ Sucharewskaja aus mit jedem Trolleybus in Richtung Zentrum bis zur Haltestelle Warsonofjewski per.; von dort aus laufen).

Das Obst auf den Märkten kommt meist aus Mittelasien

Eine Uhr mit Märchenpalast schmückt das Puppentheater

Gemeinsam mit vielen Sowjetorden alt und stolz geworden

4

Weg 5

Alte und neue Zeit

***Twerskaja ulitsa – **Patriarchenteiche – Gorki-Museum – Nowy Arbat – *Museum für Kunst und Kultur des Orients**

Diese Tour ist eine ruhige Angelegenheit; sie läßt sich gemütlich an einem Tag bewältigen und führt – fernab vom Lärm und geschäftigen Treiben der Twerskaja – durch ein stilles Villenviertel mit interessanten Museen, dessen Paläste und Stadthäuser aus dem 18. und 19. Jahrhundert von den futuristischen Veränderungen des Nowy Arbat verschont blieben.

5

Das Herz des „neuen Moskau" schlägt in der ***Twerskaja ulitsa**, die im alten Rußland vom Kreml nach Twer und St. Petersburg führte und damit quasi die Richtung vorgab zum „Fenster nach Europa". In den 30er Jahren hielt dann der (post)revolutionäre Zeitgeist Einzug: 1932 wurde die Straße nach dem Schriftsteller Maxim Gorki umbenannt, den man aufgrund seines Werkes „Die Mutter" zum gefeierten Vorkämpfer des Sozialistischen Realismus erklärte. 1937 riß man die meisten alten Häuser ab (das Telegraphenamt und das Haus Nr. 5 sind die einzigen erhaltenen Altbauten), die Straße wurde mit nunmehr 50 m Breite dem Verkehr „angepaßt", der in den folgenden Jahrzehnten jedoch vorwiegend aus Staatskarossen und Intourist-Bussen bestehen sollte. Doch nun scheint der Westen „gefensterlt" zu haben: In den letzten Jahren mutierte die Straße von der sowjetgrauen Promenade zum neonbeleuchteten Einkaufs- und Gastronomieparadies, das hinsichtlich Straßenkriminalität und Preissteigerungsrate geradezu rekordverdächtig ist.

Eines der ersten Unternehmen, das 1990 die Gunst der Stunde für sich zu nutzen wußte, war McDonald's: Am *Puschkin-Platz* ㉜, etwa auf halber Höhe zwischen Kreml und Gartenring, schart sich bis heute eine geduldige Masse um die erste Moskauer Filiale und wartet, daß sie der Bodyguard hinter die Absperrkette läßt. Auf der gegenüberliegenden Seite bringt man hinter dem Puschkin-Denkmal im Büro der „Moscow Times" das neue Denken

Zum Helden (v)erklärt

Obgleich Gorkis Roman „Die Mutter" von einem heroischen Optimismus geprägt ist, der typisch für die Literatur des späteren Sozialistischen Realismus werden sollte, wird die sowjetische Einordnung von Gorki als Vorläufer dieser Stilrichtung dem Dichter keineswegs gerecht. Vielmehr ist Gorki einer der wenigen russischen Literaten, der Leben und Probleme der verschiedenen Klassen und Bevölkerungsschichten Rußlands aus eigener Erfahrung kannte und künstlerisch reflektierte. Aufgewachsen in der Provinz, hatte Gorki in seiner Jugend in Schuhgeschäften und Zeichenstuben gearbeitet, Heiligenbilder und Brezeln hergestellt und sich seinen Lebensunterhalt als Tellerwäscher, Nachtwächter, Hafenarbeiter und Schreiber verdient. Er bereiste viele Gebiete der späteren Sowjetunion, wobei er nicht nur mit Bettlern und Wandermönchen Bekanntschaft machte, sondern auch mit Schmugglern und Banditen. Sein Pseudonym spricht für sich und ist alles andere als Beleg für eine optimistisch-heroische Weltsicht: Gorki heißt übersetzt „bitter", der eigentliche Name des Schriftstellers lautete Alexei Maksimowitsch Peschkow.

zu Papier: Die seit 1930 erscheinende Zeitung war mit ein Wegbereiter für *glasnost* und *perestroika* und wird mittlerweile in 10 Sprachen aufgelegt.

Doch auch ein bißchen (vermarktbare) Vergangenheit fehlt nicht: In der Twerskaja ulitsa 21, unweit des Puschkin-Platzes, kann man im ***Zentralen Revolutionsmuseum** ㉝ das phantasievoll gestaltete Bild „Sturm auf das Winterpalais" (welches von den Bolschewiki in Wirklichkeit ohne jede Gegenwehr genommen wurde) bewundern. Außerdem besitzt das Museum zahlreiche Exponate zur Geschichte der Sowjetunion, angefangen bei den Ereignissen um 1905 und 1917. Kuriositäten wie der erste Traktor oder ein Schachspiel „Kapitalisten gegen Kommunisten" würzen die historische Darstellung mit amüsanten Details und regen zum Nachdenken an: Wie es die Schachkapitalisten wohl anstellen, gegen eine Bauernarmee zu siegen? Und wer ist der König der Schachkommunisten? 🕓 Di–Sa 10–18, So 10–17 Uhr.

Biegt man hinter dem Revolutionsmuseum nach links, hat man damit nicht nur allen „Rechtsabweichlern" eine Absage erteilt, sondern darf auch gleich den ohrenbetäubenden Lärm der Twerskaja ulitsa vergessen: Hier lockt nicht nur das Flair des 19. Jhs., sondern auch manch wiedereröffnetes kleines Restaurant oder Café.

Wer Glück hat, kann seinen Kaffee im **Margarita** (Malaja Bronnaja ul. 28) an den ****Patriarchenteichen** ㉞ nehmen: Das kleine Café (und Jazzclub, s. S. 30) hat allerdings nach schwer durchschaubaren Regeln geöffnet. Auf jeden Fall muß man fest an die bemalte Tür des roten Klinkereckbaus klopfen, denn die Besitzer Ina und Kolja versperren den Eingang oft einfach aus Witterungsgründen. Wie auch immer – die friedliche Atmosphäre um die Fischteiche ist eine Einkehr wert und dabei von poetischem Hauch umweht: In Bulgakows beliebtem Roman „Der Meister und Margarita" ist dies der Ort, an dem

Big Mac und Hamburger haben längst auch Moskau erobert

Die Patriarchenteiche sind noch ein Stück Idylle in der Metropole

Nur dem, der fest klopft, öffnet sich die Tür des Margarita-Kafe

zum ersten Mal der unheimliche Fremde erscheint.

Folgt man der Malaja Bronnaja ulitsa nach Nordwesten, so kann man an der Sadowaja Kudrinskaja ul. (Gartenring) in einen Bus zum Planetarium einsteigen. Wer gut zu Fuß ist, nimmt besser die ul. Scholtowskogo parallel zu der vielfahrenen Straße Richtung Süden.

Auf dem Gartenring hat man die Qual der Wahl: das **Tschechow-Hausmuseum ㉟** (Nr. 6) oder das **Planetarium** (Nr. 5). Tschechow (1860–1904) lebte in dem einstöckigen Haus (heute ausgestattet mit Büchern und persönlichen Gegenständen des Dichters) von 1866 bis 1890 und begann dort zu schreiben. Insbesondere die Stücke „Onkel Wanja", „Iwanow", „Der Heiratsantrag", außerdem Lustspiele und rund hundert Erzählungen begründeten seinen internationalen Ruhm. Unterhaltsamer mag das Planetarium mit Führungen (in Russisch) und Sternenschau sein, wobei Sagen, Legenden und wissenschaftliche Anekdoten zur Veranschaulichung beitragen. 🕓 Di–So 10–18 Uhr, Mo 13–18 Uhr, ☎ 254 01 53.

Geht man die Ringstraße weiter, sieht man rechts an der Barrikadnaja ulitsa ein weiteres der riesigen Stalinhochhäuser – diesmal ein ganz normales **Wohnhaus ㊱** für schwindelfreie Moskauer.

Unterwegs mit Kindern lohnt es sich, ein Stückchen nach Nordwesten zum **Zoologischen Garten** zu gehen, der schon von ferne zu erschnuppern ist. Der Eingang liegt in der Bolschaja Grusinskaja ulitsa, die den Zoo zweiteilt. 🕓 Sommer tgl. 9–20 Uhr, Winter tgl. 9–17 Uhr. Zum Abschluß des Ausflugs gibt es bestimmt ein Eis: Vor der Metrostation „Barrikadnaja" warten Eismänner mit westlichem und russischem *moroschenoje* (Eiscreme) auf. Kleine und große Kinder brauchen selbst im Winter nicht auf das eisige Vergnügen zu verzichten: Auf den Moskauer Straßen wird sogar bei sibirischer Kälte geschleckt.

Dem Lärm des Gartenrings entschlüpft man dann schleunigst durch die *Katschalowa ulitsa*. Hier können Literaturliebhaber einige Schnäppchen machen: Der Bukinist (Nr. 16) bietet eine reiche Auswahl ausländischer Bücher an. Und am Ende der Straße vermittelt das **Gorki-Hausmuseum ㊲** (in Nr. 6/2) einen Eindruck von der Wohnlichkeit, die Maxim Gorki während seiner letzten Lebensjahre – auf Kosten der Sowjetregierung – umgab. Das 1906 vom Architekten *Schechtel* entworfene und im Orginalzustand belassene Palais gehört zu den schönsten Beispielen Moskauer Art-Nouveau-Architektur: Ein

Breschnews Tochter

In der nördlich parallel zur Katschalowa ulitsa verlaufenden Granatny pereulok hat sich Breschnews Tochter Galina ein architektonisches Denkmal gesetzt. Galina war während der Breschnew-Ära für ihren ausschweifenden Lebenswandel, ihre Kontakte zur halbseidenen Unterwelt und für ihre vielen Affären mit Schauspielern, Prominenten und Ganoven bekannt. Dabei war die Dame anscheinend von Kopf bis Fuß nicht nur auf Liebe, sondern auch auf kostbare Steine eingestellt, u. a. sorgte sie mit brillantenbesetzten Schnürsenkeln in der Stadt für Aufsehen. Auch zu Hause wollte Galina hoch hinaus – ein Umbau auf Kosten der darüberliegenden Etage sorgte für die gewünschte luftige Höhe, was man von außen am größeren Abstand der Fenster erkennt. Außerdem schuf sich Galina mehr Platz, indem sie ihren Ehemann ins Gefängnis umquartierte: Der Gatte mußte als Sündenbock herhalten, als die skandalösen Schiebereien der Breschnew-Tochter mit dem Direktor des Lebensmittelgeschäftes Gastronom 1 (nun wieder Jelisejewski) aufflogen. Erst kürzlich wurde der Ehemann aus der Haft entlassen.

5

›pitzes Glasdach krönt das kleine, as-;ymetrische Jugendstil-Juwel; Decken, Treppen und Außenwände sind mit ›unten Mosaiken verziert. Im Innern nformiert eine Ausstellung über den Architekten Schechtel und den ersten Besitzer des Hauses, Rjabuschinski; eine ständige Ausstellung ist den letzten Lebensjahren Gorkis gewidmet. ⌚ Do, Sa, So 10–17 Uhr, Mi, Fr 12–19 Uhr.

Unweit des Museums trifft am **Nikitskich-Worot-Platz** die Gorki-Verklärung auf den Puschkin-Mythos, denn in der dortigen Kirche heirateten Alexander Puschkin und Natalja Gonscharowa. Die Ehe sollte für den Dichter sechs Jahre später verhängnisvoll enden, da dem Zaren die junge Frau ebenfalls gefiel: Sehr unfein zettelte der Herrscher aller Reußen über einen französischen Attaché eine Intrige an, die Puschkin das Leben kostete.

Südlich der Herzenstraße kann man noch einmal Gorki seine Aufwartung machen: In der Powarskaja ul. 25 a existiert ein zweites **Gorki-Museum** ㊳, in dem außer Gorkis eigenen viele signierte Werke von Schriftstellerfreunden ausgestellt sind. Die Darstellung Gorkis als ein im Leben und Schaffen dem sozialistischen Realismus verbundener Schriftsteller blieb in dem Museum bisher unverändert – obwohl Gorkis Kritik am Sowjetsystem und sein vermutlicher Tod durch Stalins Schergen mittlerweile kein Geheimnis mehr sind. ⌚ Mi, Fr 12–19, Mo, Di, Do 10–17 Uhr.

Szenenwechsel: Den „Grand Prix“ des Pariser Zentrums für Architekturforschung erhielt der sowjetische Architekt *Michail Possochin* 1966 für die Gestaltung des **Nowy Arbat**, dessen Wolkenkratzer-Skyline einen dramatischen Kontrapunkt zu den Palästen des Wohnviertels nördlich davon setzt: Auf der Nordseite des Prospekts ragen hinter dem winzigen Kirchlein **Simeons Stolpnik** (Simeon der Säulenheilige) aus dem 17. Jh. 23stöckige Hochhäuser auf, die im Westen von den monumentalen Gebäuden des Kino-Theaters

Ein Poet der bitteren Worte: Gorki

Schmelztiegel der Völker: Auch Mongolen leben in Moskau

Alte Pracht am Gartenring – nur die Gärten sind verschwunden

5

Oktjabr und der **Comecon** noch um einiges an Höhe und Scheußlichkeit übertroffen werden.

Auf der gegenüberliegenden Seite flankieren die Straße 25stöckige Verwaltungsgebäude, die durch zweistöckige langgestreckte Geschäftszeilen miteinander verbunden sind. Alles in allem ein sehenswertes Ensemble, das sich ausgezeichnet zum Einkaufen eignet: Auf der Nordseite findet sich das **Haus des Buches** (Nr. 26), leider momentan recht mager bestückt, und das Geschäft **Melodija** (Nr. 40), eine gute Adresse für Musikliebhaber (s. S. 24). Auf der anderen Straßenseite kann man im **Universalny Magazin** Stoffe, Kleidung (auch Pelze), Haushaltsbedarf, Porzellan und Lackarbeiten zu günstigen Preisen erwerben – hier kaufen auch die Moskauer ihre Geschenke oder Waren, die sie dann zum doppelten Preis auf dem alten Arbat weiterverkaufen.

5

Mit einer architektonischen Kuriosität wird ein Abstecher in Richtung Kreml über die Wosdwischenka ulitsa belohnt: Das Haus Nr. 16 ließ sich 1890 ein reicher Moskauer Kaufmann namens *Morozow* im maurisch-kastilischen Stil erbauen, mit weißen Türmen und Gesimsen, auf denen Muschelverzierungen prangen. Seine Mutter bedachte den Palast mit einem lakonischen Kommentar: „Bisher wußte nur ich, daß du verrückt bist", schrieb sie dem Sohn, „jetzt weiß es ganz Moskau". Der Beleg für Morozows Wahn blieb der Nachwelt erhalten und nennt sich heute **Haus der Freundschaft mit den Völkern des Auslands** ㊴.

Alternativ bietet sich vom Arbat-Platz der Weg zum ehemaligen **Lunin-Palais** (Nikitski bulwar 12) an. In dem von *Gilardi* 1823 entworfenen Gebäude wird heute im * **Museum für Kunst und Kultur des Orients** ㊵ eine lohnende Ausstellung fernöstlicher Kunst und Kultur gezeigt. Besonders interessant ist die umfangreiche Sammlung aus den orientalischen Staaten der ehemaligen Sowjetunion. 🕓 Di–So 11–19 Uhr.

Weg 6

Von Gauklern und Dichtern

** **Arbat** – *** **Puschkinmuseum für Bildende Künste** – * **Freibad „Moskwa"**

Wenn man das reiche Angebot an Museen, Einkaufsmöglichkeiten und Kaffeehäusern am Wegesrand dieser Route nutzen möchte, sollte man sich mindestens einen Tag Zeit nehmen. Je nach Lust und Laune startet man entweder literarisch (Ⓜ Kropotkinskaja) und endet bei MacDonald's (Ⓜ Smolenskaja) oder umgekehrt. Zu empfehlen ist letzteres in Kombination mit einem abschließenden Besuch des großen Freibads an der Kropotkinskaja. Reisende in den Wintermonaten brauchen darauf nicht zu verzichten: Das geheizte Schwimmbadwasser ist warm wie die heimische Badewanne!

An der Metrostation Smolenskaja fällt der Blick unweigerlich auf einen weiteren stalinistischen Zuckerbäckerbau, das **Außenhandelsministerium** ㊶, dessen Name verrät, was in dieser Gegend den Ton angibt: Handel und Wandel.

Der hier beginnende ** **Arbat** ist neben der Twerskaja ulitsa die zur Zeit überfüllteste und geschäftigste Einkaufsmeile Moskaus. Neben Unterhaltung durch Pflastermaler und jugendliche Beatles-Sänger, Ruhebänken, Restaurants und Cafés bietet die Fußgängerzone alles, was mit den Sinnen zu erfassen und dem Portemonnaie zu bezahlen ist: Bücher, Bilder, Antiquitäten, Kleider und – Souvenirs, Souvenirs. Wer will, kann sich sogar mit Selbstbildnissen eindecken: Ob Fotografie (wahlweise mit Mickymaus oder Gorbatschow), Schattenriß, Karikatur oder Porträt – auf dem Arbat ist das nur eine Frage von Sekunden und der Finanzen.

Wer nicht völlig dem Konsumrausch verfällt, hat Gelegenheit, nebenbei einige Denkmäler der russischen Kunst zu würdigen, z. B. eine der vielen Wohnungen *Puschkins*, diesmal in Haus Nr. 53, oder den Fenstersims, den Bulgakows „Margarita" während eines nächtlichen Hexenrittes streifte (Ecke Kaloschin per.). Auf jeden Fall sollte man durch die umliegenden stilleren Gassen und Hinterhöfe schlendern: Hier ist noch etwas von der Atmosphäre des alten Arbatviertels zu spüren, die Romanautor Anatolij Rybakow in „Die Kinder des Arbat" beschreibt. Die sanfte Erhebung zwischen Kreml und Arbat war in altrussischen Zeiten das Wohnviertel der Gaukler, Spaßmacher und Quacksalber; allerdings ist außer dem historischen Namen „Scherzhügel" von diesem ältesten Bezirk nichts mehr original erhalten geblieben.

Für „Stimmungswechsel" sorgt der am nordöstlichen Ende des Arbat liegende **Arbat-Platz**: Ein strahlend optimistischer und ein in Melancholie versunkener **Gogol** (1809–1852) verleiten zu der Annahme, daß der in diesem Viertel heimische Schriftsteller mal mehr und mal weniger vom Schicksal begünstigt war. Doch ist dies nur die halbe Wahrheit, denn eigentlich existierte hier nur die melancholische Ausgabe – sowohl in Stein als auch in natura. Gogol, der mit seinen grotesken Darstellungen von Zeitumständen und -genossen die Leser zum Lachen brachte („Der Revisor" und „Die toten Seelen" sind bekannte Beispiele), war ein von Ängsten, Todesahnungen und wirren religiösen Moralvorstellungen gequälter Mensch, der schließlich durch Verweigerung der Nahrung freiwillig aus dem Leben schied.

Stalin, dessen Faible für Jubiläen sprichwörtlich war, nutzte 1952 den 100. Todestag des Schriftstellers, um auf der Südseite des Platzes ein neues Denkmal auf den Sockel zu heben, das Gogol in heldenhafter Pose zeigt – das alte (künstlerisch sehr viel interessantere) verschwand in einem Kloster.

Zentrum russischer Weltpolitik: das Außenministerium

Einkaufsmeile Arbat, eine Straße der Geschichte und Geschichten

Auch Mickey Mouse ist längst da

6

Später wurde die ursprüngliche Version dann doch wieder hervorgeholt und steht nun vor dem Wohnhaus Gogols an der Nordseite des Platzes.

Dem Fingerzeig des optimistischen Gogol und dem nach ihm benannten baumbestandenen Boulevard folgend, kommt man zur Ⓜ Kropotkinskaja. Dort erwartet das *** **Puschkinmuseum für Bildende Künste** ㊷ seine Besucher – unübersehbar durch sein imposantes, säulenverziertes Äußeres und die davor versammelte Menschenmenge. Geduld – oder noch besser eine vorbestellte Karte – macht sich bezahlt, denn das Museum birgt alles, was an Kunst zwischen Antike und Moderne nur vorstellbar ist. Begründet wurde die riesige Sammlung von Professor S. Zwetajew, der hier für seine Studenten Gipsabdrücke der besten europäischen Kunstwerke ausstellen wollte. Doch es kam besser: Nach 1917 konnten die Studenten nicht nur nach den Originalen aus den verstaatlichten Privatsammlungen (u. a. der Rumjantsew-Sammlung) zeichnen, auch die Kunstwerke aus dem Besitz der Zarenfamilie dienten ihnen nun als Vorlage.

Der „bourgeoise“ Fundus reichte von den Franzosen (Picasso, Matisse, Cézanne, Monet, Gauguin, etc.) über die Italiener (Botticelli, Perugino, Canaletto), die Spanier (El Greco, Murillo) und Flamen (Rubens, Van Dyck) bis zur Niederländischen (Rembrandt und Breughel) und Deutschen Schule (z. B. Cranach). Kurioserweise trifft man auch auf Kunstwerke von Chagall und russischen Avantgardisten, obwohl diese Künstler von der sowjetischen Regierung nie anerkannt und teilweise

Puschkin

Das unstete Leben Puschkins (1799 bis 1837) mag den Reisenden etwas verwirren. Doch kann man so bei einer Nachfrage mit Fug und Recht behaupten, daß in diesem oder jenem klassizistischen Palais wahrscheinlich Puschkin wohnte oder häufig zu Gast war, bevor er nach St. Petersburg ging! Aber es ist nicht nur die Vielzahl seiner Wohnsitze, die dem Poeten nach wie vor die Bewunderung seiner Landsleute einbringt: Puschkin gehört in allen Gattungen zu den Begründern der russischen Literatur und sorgte mit seinen Gedichten, Novellen, Kurzgeschichten und Dramen dafür, daß die russische Sprache anstelle des vorher üblichen Französischen literarisches Ausdrucksmittel wurde. Dabei kannte der schwarzgelockte, von Frauen verehrte und in manch amouröses Abenteuer verwickelte Puschkin französische Gepflogenheiten durchaus; er war der Sprache mächtig und mit dem französischen Hofzeremoniell vertraut. Als Sproß einer Adelsfamilie, die schon seit Generationen im unmittelbaren Umfeld des Zarenhofes verkehrte, gehörte das mit zum guten Ton. Sein Urgroßvater Abram Hanibal war bereits unter Peter dem Großen an den russischen Hof gekommen – das afrikanische Prinzchen war dem Zaren damals allerdings als Sklave verkauft worden. Sowohl die abenteuerliche Biographie seines Ahnherrn als auch seine eigenen mannigfaltigen Erlebnisse inspirierten Puschkin zu seinen Werken. Wobei er seine Sympathie für revolutionäre Gruppierungen vielleicht allzu deutlich schilderte – er mußte deshalb viele Jahre fernab von den Zarenresidenzen im Exil verbringen. Unter diesem Provinzleben litt Puschkin sehr, doch hätte ihm die gesunde Landluft vielleicht das Leben verlängert. Denn kaum war er mit seiner Ehefrau an den Petersburger Hof zurückgekehrt, wurde er prompt in eine vom Zaren selbst angezettelte Intrige verwickelt: Hitzig ließ er sich zu einem Duell hinreißen, bei dem er tödlich verwundet wurde.

sogar aus dem Land vertrieben wurden. ⌚ Di–So 10–20 Uhr, Wolchonka ul. 12.

Nach dem ausgiebigen Kulturgenuß im Museum bietet ein nahegelegenes Restaurant ideale Gelegenheit zu einer kulinarischen Pause: In der **Pretschistenka ulitsa 36** (☎ 201 75 00) speist man fürstlich: Das Lokal befindet sich in einem kleinen Palais, das auch innen perfekt restauriert wurde. Vor allem die im Kellergeschoß gelegene „Trattoria" sorgt für stimmungsvolles Ambiente. Übrigens „ißt" man hier auf historischem Terrain: Das Restaurant rühmt sich, die älteste Kooperative Moskaus zu sein. Allen, die ihre Kreditkarte nicht vergessen haben: *Prijatnowo appetita* – guten Appetit!

Wer literarischen Genüssen auf der Spur ist, lädt sich danach bei Tolstoi oder Puschkin ein. Fast direkt an der Kreuzung Gogolewski bulwar und Pretschistenka ulitsa findet sich im Haus Nr. 12/2 das **Puschkinmuseum für Literatur** ㊸. Ausgerechnet in diesem Palais hat der vielzitierte Dichter, der ständig seine Adresse wechselte, nicht gewohnt, doch wurde darin eine Vielzahl seiner persönlichen Bücher, Möbel, Bilder und Manuskripte aus allen Teilen Rußlands zusammengetragen. ⌚ Di–So 10–17 Uhr, ☎ 202 85 32.

Ebensowenig vom Namensgeber selbst bewohnt, aber gleichfalls mit dem Interieur seines Arbeitszimmers bestückt, ist das auf der gegenüberliegenden Straßenseite in Haus Nr. 11 befindliche **Tolstoi-Literaturmuseum** ㊹. Hier kann man nicht nur die große Büchersammlung und Fotos bestaunen, sondern sogar der Stimme des Romanciers lauschen: Tolstoi, der 1910 im Alter von 82 Jahren starb, besaß ein Phonogramm, das ihm der Erfinder Edison geschenkt hatte. Zwar nicht von der alten Walze, aber immerhin von Plattenkopien gespielt, verleiht die russische Rezitation aus Tolstois Mund dem Museumsbesuch eine besondere Authentizität. ⌚ Mi, Fr 12–20 Uhr, Sa, So, Di 11–17.30 Uhr, ☎ 202 21 90, 201 58 11.

Kaufen, was das Herz begehrt – auf dem Arbat findet man alles

Im Puschkinmuseum wird Rußlands größter Dichter geehrt

Tolstoi in seinem Museum

Wer mehr über Tolstoi erfahren will, sollte auch das nahe **Wohnhaus Lew Tolstois** ㊺ (⌚ März–Sept. Di–So 10–17, Okt.–Febr. Di–So 10–15 Uhr) aufsuchen. Allein der Spaziergang durch das Viertel ist bei schönem Wetter ein Genuß: Die Pretschistenka ulitsa ist zwar verkehrsreich, aber dafür von vielen klassizistischen Adelspalästen aus dem 18. Jh. gesäumt; in den Seitenstraßen gibt es schöne Hinterhöfe und kleine Kirchen zu entdecken. Jenseits der Kreuzung von Pretschistenka ulitsa und Ringstraße weist ein aus einem alten Granitblock gehauenes Tolstoi-Denkmal den Weg: Nur wenige Meter weiter biegt nach links die kleine Lew-Tolstoi-Straße ab, in der im Haus Nr. 21 der Dichter mit seiner Familie lebten.

Die kleine Stadtvilla der Tolstois gibt einen guten Einblick in ihre Lebensgewohnheiten: Im Arbeitszimmer, in dem Lew Tolstoi u. a. die „Kreuzersonate" und wesentliche Teile von „Krieg und Frieden" schrieb, mag dem eigensinnigen Moralisten die Konzentration manchmal schwer gefallen sein, denn im oberen Stock feierte Madame Tolstoi – sehr zum Ärger ihres religösen Ehemannes – lautstarke „weltliche" Feste. Gerade in seinen letzten Lebensjahren brachte das von ihm ohnehin als unmoralisch empfundene Städterleben Tolstoi in wachsenden Konflikt mit seiner Frömmigkeit. Schließlich entfloh er eines Nachts Ehefrau und Stadtvilla, um mit seiner tiefgläubigen Tochter Alexandra – deren karges Zimmer ebenfalls im Museum zu besichtigen ist – ein gottgefälliges Leben zu führen. Doch das kalte Novemberwetter bescherte dem 82jährigen eine Lungenentzündung, der er auf einer abgelegenen Bahnstation in der Provinz Rjazan erlag.

Wo einst im Sommer Tausende täglich ins *Freiluftschwimmbad „Moskwa"* pilgerten, stehen heute Bauzäune und Bagger. Der Stadt fehlten zum einen die Mittel für die Sanierung des runden Megapools mit 130 m Durchmesser (bis 6 m tief), dessen oberstes Fassungsvermögen mit sagenhaften 2000 Badenden angegeben wurde. Zum andern hatte nicht nur die russisch-orthodoxe Kirche nach dem Zerfall der UdSSR für den Wiederaufbau der **Christi-Erlöser-Kirche** ㊻ plädiert. Zum Dank für den Sieg über Napoleon 1812 hatte Zar Alexander I. sie errichten lassen (Fertigstellung erst 1883). Doch Stalin ließ das Gotteshaus – seinerzeit einer der schönsten Sakralbauten Moskaus – kurzerhand wegsprengen, weil es ihm bei seiner geplanten Zuckerbäcker-Skyline im Wege stand: Die vielen Kirchtürme, so fand der sozialistische Tortenbäcker, gaben der Metropole ein zu klerikales Image und sollten daher mit den revolutionären Hochhäusern kaschiert werden.

Geradezu märchenhaft muteten dabei die Konstruktionspläne für den Platzhalter der ehemaligen Kirche an: Der „Palast der Republik" sollte nicht nur höher als jedes andere im Stalinschen Barock erbaute Gebäude sein, auch war ein 30 m hoher Lenin als darauf thronende „Freiheitsstatue" vorgesehen. Letzterer soll übrigens tatsächlich angefertigt worden, dann aber spurlos verschollen sein. Den Palast ereilte ein noch schlimmeres Schicksal als die Statue: Da die Fundamente auf dem sumpfigen Boden ständig absackten, wurde er nie erbaut. Schließlich machte Chruschtschow aus der Not eine Tugend und deklarierte die Bauruine (nach einigen kosmetischen Korrekturen) als Freibad.

Doch die Baugeschichte dieses spektakulären Ortes sollte damit nicht abgeschlossen sein: Mit dem Wiederaufbau der ehemals größten orthodoxen Kirche der Welt, dessen Kosten einmal mit unglaublichen 300 Milliarden Dollar beziffert wurden, erhofft sich Moskaus Bürgermeister einen politischen Werbeeffekt und ein wesentliches Zeichen für die Rückkehr zur Religion.

Improvisation und Kreativität heißt die Devise

6

KLIM
КЛИМ

Weg 7

Blick von olympischen Höhen

*** Neujungfrauenkloster –
** Sperlingsberge – Lomonossow-Universität

Zeit und Wetter stehen bei diesem Weg in einem festen Abhängigkeitsverhältnis: Scheint die Sonne, dauert der Ausflug mehrere Stunden; an trüben Tagen macht er nur wenig Spaß und man geht besser überhaupt nicht. Dem Rätsel auf der Spur ist, wer selbst einmal die Wirkung der ins Sonnenlicht getauchten Silhouette des Neujungfrauenklosters und des grandiosen Panoramablicks von den Sperlingsbergen auf seine Füße erlebt. Auch weniger Gehfreudige kommen auf ihre Kosten: Zwischen der Metrostation „Sportiwnaja" und der Klosteranlage verkehrt der Bus 132; ab Metrostation „Uniwersitet" fährt jeder Bus zu den Sperlingsbergen.

7

Vom Zentrum aus kann die Tour mit der Fahrt zur Ⓜ Sportiwnaja eingeleitet und gleich passend vertieft werden: In der zweiten Etage der Station (Eingang an der Stadionsseite) informiert das ***Museum zur Geschichte der Metro** mit einer sehenswerten kleinen Ausstellung. Neben einer rekordverdächtigen Zahlensammlung – „von mehr als 126 Stationen aus befördern über 7000 Züge mit einer Geschwindigkeit von über 80 km/h täglich mehr als 8 Millionen Menschen auf 1524 km elektronisch gesicherten Breitspurgleisen …" – machen Bilder und Fotos aus der Entstehungzeit der Metro das gigantische Bauunternehmen anschaulich. Zumindest für alle Modelleisenbahn-Liebhaber ein unbedingtes „Muß". 🕓 Di–Fr 9–16 Uhr, Mo 11–18 Uhr, ☎ 222 73 09.

Museale Kuriositäten kann man hingegen bestaunen, wenn man einen etwa 20minütigen Umweg wagt und im ***Darwin-Museum** ㊼ (Malaja Pirogowskaja 1) die Ausstellung zur Darwinschen Evolutionstheorie besucht, mit der während der Stalinzeit das materialistische Geschichtsverständnis untermauert wurde. Wer die Spuren zu seinen tierischen Ahnen zurückverfolgen will, muß allerdings etwas Glück haben, denn das Museum wurde aus Sanierungsgründen vorübergehend geschlossen.

*** Neujungfrauenkloster ㊽

Nächste Station am Weg ist – unübersehbar – dieses große Wehrkloster, das Wassili III. im 16. Jh. zum Schutz der Stadt erbauen ließ. Iwan der Schreckliche nutzte die Anlage später für andere Zwecke: Er überantwortete die weinenden Witwen der von ihm geköpften aufsässigen Bojaren kurzerhand der Obhut dieses Klosters. So fiel ihm – auch wenn die Habe offiziell der Kirche gehörte – die nicht unerhebliche Mitgift an Geld und Ländereien der neuen Ordensfrauen zu. Im Verlauf der Geschichte wurde seine Methode zur lieben Tradition: Zarinnen und Zarentöchter nahmen mehr oder minder freiwillig den Schleier und bereicherten das Kloster mit ihrem Schmuck, ihrem Geld und frommer Anwesenheit.

Zur höchsten Blüte gelangte das Gotteshaus jedoch erst durch die ebenso intelligente wie intrigante Halbschwester Peters des Großen, Sophia, die in Vertretung ihres schwachsinnigen Bruders Iwan V. bzw. des minderjährigen Peter I. die Regierungsgeschäfte führte. Sie ließ die ganze Anlage von 1682 bis 1689 gründlich erneuern und verschönern. Ihr frommer Eifer entpuppte sich als weise Voraussicht, denn als der achtzehnjährige Peter schließlich an die Macht gelangte, ließ er die herrschsüchtige Schwester elegant ein für allemal hinter den Klostermauern verschwinden. Die Legende berichtet, Peter habe Sophia als drastische Aufforderung, endlich „stillzuhalten", einige ihrer Verbündeten vor das Zellenfenster gehängt. Sicher ist, daß Sophia schon bald Gesellschaft von Peters erster Ehefrau Jewdokija Lopochina bekam: Diese war zwar weder intrigant noch häßlich, doch ging sie mit ihrer Nörgelei dem Zaren auf die Nerven, so daß er sich durch die Klostermauern von ihr scheiden ließ.

Mit der finanziellen Unterstützung war es danach aber endgültig vorbei, und so erreichte das Kloster das 20. Jahrhundert in ziemlich heruntergekommenem Zustand. 1923 entließ die Regierung die letzten frommen Jungfrauen und funktionierte das Kloster zu einer Filiale des **Historischen Museums** um. Mittlerweile wurden die alten Gebäude und Kirchen restauriert, so daß man – im Zuge der Rückkehr zu historischer Tradition – nun eigentlich Raissa Gorbatschowa oder die bessere Hälfte von Jelzin mit Ordensschleier hier zu sehen erwartet. Bisher muß man auf solche Begegnungen aber noch verzichten und statt dessen mit einer ausführlichen Besichtigung der verschiedenen Kathedralen vorlieb nehmen.

Beeindruckend ist bereits der dreibogige Portalbau im Norden, durch man die Anlage betritt. Über dem Eingang strecken sich die fünf grazilen Türmchen der im Moskauer Barock gebauten **Christi-Verklärungs-Kirche** (17. Jh.) gen Himmel. Daneben wie auf der spiegelbildlich gestalteten Südseite befanden sich die Zellen der fürstlichen Nonnen.

Den Mittelpunkt des Klosters bildet die **Kirche der Gottesmutter von Smolensk** (1524/25), eine weiße „Gottesfestung" mit kleinen Fenstern und grüngoldenen Kuppeln. Innen zeigen Wandgemälde eine ganze Armee von streitbaren Heiligen, die Moskau gegen Angreifer verteidigen sollen; in der kostbaren Ikonostase steht die Kopie einer Kopie der **Heiligen Gottesmutter von Smolensk** (die originalere Version befindet sich in der Tretjakow-Galerie). Die Grabstätten von Sophia, einigen

Das Moskauer Stadion: Sport wird hier ganz groß geschrieben

Die Kirche der Gottesmutter von Smolensk

Nikita Chruschtschows Grab im Neujungfrauenkloster

7

ihrer Schwestern und der keifenden Jewdokija sind ebenfalls in der Kathedrale zu sehen.

In der *trapesnaja* (Speisesaal) westlich von der Kirche, einem langgestreckten Ziegelbau, waren im Keller Küchen- und Lagerräume des Klosters untergebracht; oben speisten die adligen Nonnen oder hielten Hof. Fürs Tischgebet war die *trapesnaja* praktischerweise gleich mit der kleinen Kapelle **Mariä Himmelfahrt** (1685–87) zu einer Gebäudeeinheit verbunden. Von hier aus sollen die tapferen Schwestern 1812 ein sagenhaftes Rettungsmanöver gestartet haben: Als Napoleon sich anschickte, das Kloster zu sprengen, rochen die Damen buchstäblich Lunte und verjagten die zudringlichen Franzosen gerade rechtzeitig, bevor das Kloster in die Luft fliegen konnte.

Im Osten wurde 1690 der 72 m hohe **Glockenturm** des Klosters erbaut. Das an Glockengeläut und Superlativen nicht eben arme Moskau rühmt dieses sechsgeschossige kuppelverzierte Werk, „das schönste seiner Art“ zu sein.

Auch die Außenanlagen mit See und **Klosterfriedhof** lohnen einen Spaziergang (🕓 Sommer Di–So 10–17 Uhr, Winter Di–So 11–16 Uhr; Nowodewitschi projesd 1; Tickets am Kiosk gegenüber vom Friedhofseingang). Auf dem Friedhof sind viele berühmte russische Künstler (*Tschechow, Gogol, Eisenstein, Majakowski* u. a.) zur allerletzten Ruhe umgebettet worden. Bei *Gogol*, der zu Lebzeiten stets von dem Wahn gequält wurde, einmal lebendig begraben zu werden, schaute man in den 30er Jahren sicherheitshalber in den Sarg. Zwar schien „alles in Ordnung“, doch mochte der Volksmund nicht auf seine makabre Legende verzichten und besteht darauf, daß der Sarg zur Seite gekippt im Grab gelegen habe – immerhin ein geisterhaftes Umdrehungsmanöver, das der bis dato gängigen grausigen Version vom zusammengekrümmten Leichnam des Schriftstellers um nichts nachsteht.

7

Zu den illustren Persönlichkeiten auf dem Friedhof zählt weiterhin Nikita Chruschtschow, der sich durch seine Politik den Platz an der Kremlmauer verscherzte. Nach seiner Beerdigung wurde der Friedhof allerdings erst einmal für einige Jahrzehnte abgeriegelt – Breschnew fürchtete sich zwar nicht vor Geistererscheinungen, aber vor politischen Demonstrationen an dem mit Sowjetsymbolen verzierten Grab.

Tip: „Schöne Aussichten“ bietet das Restaurant **Pirosmani** nur wenige Schritte weiter in Haus Nr. 4 (s. S. 22): Weder die grusinische Küche noch den Blick aus dem Fenster sollte man sich entgehen lassen.

Sportfans müssen ihr Konditionstraining auf die Besichtigung des ausgedehnten Sportkomplexes **Luschniki** beschränken. Denn der Marsch zur **Lomonossow-Universität** ㊾ überfordert selbst muskelbepackte Wanderer, da die über den Fluß führende gläserne Brückenstation seit etwa fünf Jahren „wegen Renovierung geschlossen“ ist. Der Grund für die langwierige Ausbesserung liegt in der erstaunlichen Betonmischung der Brückenbauer: Sie mengten der Mörtelmischung eine gehörige Portion Salz bei, was zwar besondere Festigkeit zu geben versprach, im Laufe der Jahre jedoch die Stahlträger zerfraß – was nun zur etappenweisen Sanierung zwingt. So darf nur die Metro – auf einer kleinen Nebenbrücke – an dieser Stelle den Fluß überqueren.

Von der Ⓜ „Uniwersitet“ aus kommt man mit dem Trolleybus zum zentralen **Universitätsgebäude**, das mit seinen 31 Stockwerken und 240 m Höhe wahrlich nicht zu übersehen ist. Das gigantische Zuckerbäckerhochhaus bildet den Mittelpunkt eines ausgedehnten Universitätsgeländes, in dem ein ganzer akademischer Kleinstaat untergebracht ist. Dazu gehört nicht nur eine wohlsortierte Bibliothek mit über 5 Millionen Druckschriften, auch für Entspannung ist gesorgt: ausgedehnte Wäldchen, interessante Museen, Kinos, Theater, ein

Schwimmbad … alles für die Lernenden und Lehrenden mit ihren Familien. Touristen, die mit einem studentisch harmlosen Gesichtsausdruck die strengen Türwächter zu überlisten vermögen, können sich im zentralen Universitätsgebäude nicht nur an hehrer akademischer Kost, sondern auch an leckeren Teigwaren, Brötchen und Kohlsuppe laben.

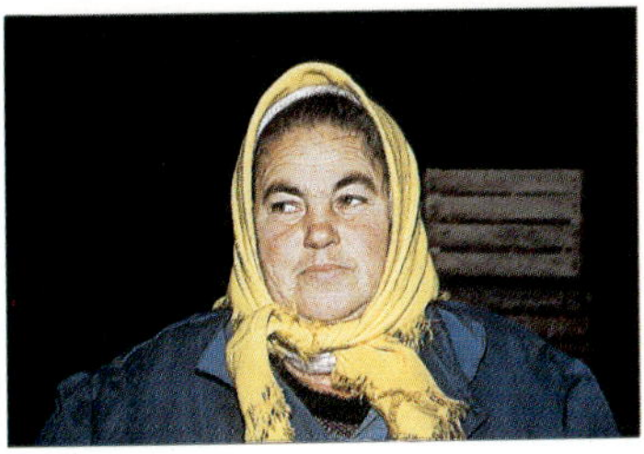

Dem Haupteingang von Stalins siebter Schwester gegenüber fängt Moskaus siebter Himmel an: Die Aussichtsplattform der ** **Sperlingsberge** mit ihrem betonierten, gut 80 m über der Moskwa liegenden Parkstreifen ist ein von Touristenbussen und fliegenden Händlern gern besuchtes Freiluftparadies. Auch frisch vermählte Paare wählen gerne dieses Fleckchen als Kulisse für ihre Erinnerungsfotos. Der phantastische Blick über die Stadt der Kirchen und Paläste macht selbst abgebrühte Fotografen zu maßlosen Verschwendern ihrer Filmvorräte. Letztere können an Ort und Stelle – allerdings nicht gerade preisgünstig – aufgefüllt werden.

Ob mit vollem oder leerem Bauch, erschöpft oder entspannt, der Weg zurück in die Stadt führt jedenfalls über die Ⓜ Uniwersitet.

Ort der Lernenden und Gelehrten: Die Lomonossow-Universität

Ein Universalgenie und die Folgen

Nicht nur ihren Namen, auch ihre Entstehung verdankt die Moskauer Universität (ebenso wie die in St. Petersburg) dem herausragenden Gelehrten **Michail Lomonossow** (1711–1765), der als „Vater der modernen russischen Wissenschaft" gilt. Mit einer anderen Vaterschaft dagegen nahm er es weniger genau: Erst drei Jahre nach der Geburt seines Kindes heiratete er die Marburgerin Elisabeth-Christine Zilch. Kein Wunder, daß er dazu nicht früher Zeit fand: Das Universalgenie studierte in Moskau, St. Petersburg, Marburg und Freiburg die Fächer Physik, Chemie, Philosophie, Bergbau und Metallurgie. Polyglott war er ohnehin schon – beherrschte er doch unter anderem Russisch, Deutsch, Griechisch und Latein. Nachdem er außerdem noch eine „Russische Grammatik" und einige naturwissenschaftliche Werke geschrieben, mehrere Poeme verfaßt, einige – selbstverständlich bemerkenswerte – Gemälde und Mosaiken angefertigt und sich maßgeblich für die Erforschung Sibiriens eingesetzt hatte, begegnete er der Gefahr, sich zu langweilen, 1755 mit der Gründung der ersten russischen Universität.

Weg 6

41 Außenhandelsministerium
42 Puschkinmuseum für Bildende Künste
43 Puschkinmuseum für Literatur
44 Tolstoi-Literaturmuseum
45 Wohnhaus Lew Tolstois
46 Christi-Erlöser-Kirche (im Bau)

Weg 7

47 Darwin-Museum
48 Neujungfrauenkloster
49 Lomonossow-Universität

Weg 8

- ㊿ Haus des Awerki Kirillow
- 51 Nikolauskirche, Pyschi
- 52 Palast des Bergwerksbesitzers Demidow
- 53 Tretjakow-Galerie
- 54 Tropinin-Museum
- 55 Baruschkin-Theatermuseum
- 56 Donski-Kloster
- 57 Danilow-Kloster
- 58 Danilow-Friedhof

Weg 8

Hohe Kunst und ausgelassenes Vergnügen

Moskwa-Insel und südliches Moskau

Ein ausführliches Frühstück im Hotel Baltschug Kempinski ist die beste Grundlage für diesen Weg, vor allem, wenn man in einer der Kirchen einen mehrstündigen Gottesdienst durchstehen möchte. Das „Durchstehen" ist wörtlich zu nehmen: Es gibt keine Sitzgelegenheiten, und die Luft ist oft sehr stickig! Auch wenn man das „Amen" nicht abwartet, um wirklich alles zu sehen, was südlich der Moskwa geboten wird, reicht ein Tag nicht aus. Und damit Müßiggang nicht zum Marathon wird, sollten die südlichen Ziele (Donskoi-Kloster, Danilow-Kloster) besser in einem zweiten Anlauf erkundet werden – dann ab Ⓜ Schabolowskaja oder Ⓜ Tulskaja.

Für die solide „Unterlage“ des Hotels Baltschug Kempinski sorgte im 18. Jh. die „deutsche Zarin“ Katharina die Große (geborene Sophie Auguste von Anhalt-Zerbst): Sie ließ einen Kanal von der Moskwa abzweigen, wodurch die Gegend entsumpft und eine Insel gebildet wurde – eben jene, auf der sich erwähntes Hotel befindet.

8

Ein optischer Leckerbissen auf der Insel ist das extravagante **Haus des Awerki Kirillow** ㊿, das sich der einflußreiche Beamte im 16. Jh. bauen ließ. Farbig gekacheltes Mauerwerk und frühbarocke Formen weisen auf Geschmack, die Hauskirche auf große Frömmigkeit oder ein Fußleiden des Staatsdieners hin. Etwas weiter östlich – zwischen Serafimowitscha ulitsa und Falejewski pereulok – liegt der Repin-Park, in dem die Volkshelden *Stenka Rasin* (1671) und (etwa hundert Jahre später im Jahr 1775) *Pugatschow* in einem Käfig zur Schau gestellt (!) und anschließend hingerichtet wurden. Eine farbig angestrahlte Wasserfontäne und ein *Ilja-Repin-Denkmal* verschönern heute den ehemaligen Richtplatz.

Neuerdings führt ein Fußgängerbrückchen vom Park zum jenseits des Kanals gelegenen Stadtteil *** **Zamoskworjetschje**, so daß man nicht auf die zwei verkehrsreichen Brücken angewiesen ist, die Kreml und südliches Moskau verbinden. Früher waren diese beliebte „Einfallschneisen“ für die Goldene Horde des mongolischen Großkhans (der Straßenname *ordynka*, zu deutsch „Horde“, zeugt noch davon). Nachdem die tatarischen Überfälle abgeflaut waren, ließen sich „jenseits der Moskwa“ Kaufleute und wohlhabende Handwerker nieder, die von der Nähe zum Kreml, aber auch von den durchs Viertel verlaufenden Handelsrouten zur Krim und nach Astrachan profitierten. Im 19. Jh. gesellten sich dann Fabriken und Arbeitersiedlungen zu den Kirchen, ehrwürdigen Wohnhäusern und verwinkelten Hinterhöfen aus dem 15. Jh. und bildeten eine Keimzelle der sozialistischen Bewegung.

Ein Spaziergang von der Bolschaja Ordynka ulitsa aus durch die östlich liegenden Straßen und Seitengassen veranschaulicht die Kontraste: Zwischen renovierten Kirchen aus dem 17.-19. Jh. (z. B. der Auferstehungs-Kirche in **Kadaschi**) drängen sich niedrige Wohnhäuser; dem kunstmüden Besucher bietet vielleicht das **Restaurationszentrum für Bildende Künste** Abwechslung, das sich in der Malaja Ordynka ulitsa in einem Hinterhof gegenüber der **Nikolauskirche** in **Pyschi** (51) versteckt.

Westlich der Bolschaja Ordynka ulitsa führt die Bolschoi Tolmatschowski pereulok zum **Palast des Bergwerksbesitzers Demidow** (52). Auch heute noch macht das prächtige klassizistische Gebäude aus dem 19. Jh. das soziale Gefälle in diesem Viertel deutlich.

Prunk verleiht dem Ensemble nicht zuletzt der Park mit seinen Toren und dem Zierrat aus Eisen, das aus den Bergwerken der Demidows kam. In den „Goldenen Gemächern" waren viele bedeutende Literaten zu Hause – auch *Boris Pasternak* (1890-1961), der seine Wohnung von Stalin höchstpersönlich geschenkt bekam, weil dem Diktator die Gedichte gefielen. Erst später störte Pasternak das politische Geschmacksempfinden der Nomenklatura, und der Dichter verzog sich – nicht ganz freiwillig – auf seine Datscha in Peredelkino (s. S. 88). In dem Stadtpalais ist heute eine nach dem russischen Pädagogen K. Uschinski (19. Jh.) benannte Pädagogische Bibliothek untergebracht.

Kokoschniki schmücken die Kirche des hl. Georg

*** **Tretjakow-Galerie** ㊳ (Lawruschinski per. 10, ⌚ Di–So 10–19 Uhr). Zu den Superlativen dieses Museums gehört, daß die große Sammlung wohl länger als jede andere den Blicken möglicher Betrachter entzogen wurde. Nach Renovierungsarbeiten seit 1980 ist nun ein Teil der insgesamt 50 000 Werke wieder zu sehen.

Kandinsky: Maler von Linien

Grundlegend für den gewaltigen Kunstfundus war die außergewöhnliche Sammelleidenschaft der reichen Kaufmannsbrüder *Pawel* und *Sergej Tretjakow*, denen die Stadt für die riesige Menge ihrer Kunstschätze einen eigenen – öffentlichen – Museumsbau zur Verfügung stellte. Das dem „Märchenstil" nachempfundene Gebäude baute *V. Wasnezow* 1900 bis 1905 – sein eigenes, ebenso märchenhaftes Haus liegt nördlich des Gartenrings (s. S. 57).

Maxim Gorki in der Tretjakow-Galerie

Zu den berühmtesten Exponaten gehören aus der altrussischen Kunst Ikonen von *Rubljow* und *Theophanes dem Griechen* (14./15. Jh.); zahlenmäßig sind Porträts des 17./18. Jhs. sowie Historien- und Landschaftsbilder aus dem 19. Jh. reichlich vertreten: Werke von *K. Brüllow* (1799 bis 1852), *Wassili Tropinin* (1776–1857), *Michail Klodt* (1832–1902) und nicht zuletzt *Ilja Repin* (1844–1930) teilen sich mit vielen anderen russischen und ausländischen Meistern die Wände. Auch die zweite Hälfte des 19. Jhs. bzw. die Kunst des beginnenden 20. Jhs. ist durch Meisterwerke von *M. Wrubel* (1856–1910), *Kandinski* (1866–1944), *Chagall* (1887–1985) u. a. glänzend vertreten. Die Tendenz dieser Maler, mit allen Regeln zu brechen, um eine freie, abstrakte Kunst zu schaffen, kontrastiert die daran anschließende sowjetische Malerei: Der Sozialistische Realismus zeichnet sich durch detailgetreue Schilderungen von Episoden aus der Zeit des Bürgerkrieges oder des Zweiten Weltkrieges und Milieustudien aus dem Leben der Werktätigen aus.

Ein kleineres, dafür aber garantiert geöffnetes Museum versteckt sich südlich der Tretjakow-Galerie in einer hübschen grünweißen Stadtvilla. Das **Tropinin-Museum** ⓹④ zeigt Porträts aus dem 18. und 19. Jh., darunter Arbeiten von *Wassili Tropinin* (1776–1857) selbst. Weit weniger romantisch als seine Bilder, deren klare Formen und zarte Farben bestechen, war das Leben des Malers, der als Leibeigener geboren wurde. 🕓 Mo, Di, Fr 12–19 Uhr, Sa, So 10–17 Uhr; Stschetininski pereulok.

Wem von Museumsluft und Weihrauchdunst schon schwindlig geworden ist, sollte im **Gorki-Park** (Krymski Wal 9, 🕓 Gelände durchgehend, Kassen tgl. 11–20 Uhr) spazierengehen. Hier ist alles angenehm auf weltliche Vergnügungslust ausgerichtet; Jahrmärkte, Konzerte und diverse Veranstaltungen bieten Kindern und Erwachsenen eine ausgedehnte Spielwiese. Hauptattraktion sind die **Amerikanischen Berge**, auf denen nicht nur Amerikaner scharenweise zur Berg- und Talfahrt antreten. Im Winter sind zudem Schlittschuh- und Skilanglauf angesagt, im Sommer Boot- und Karussellfahrten. Außer *schaschliki*-, Popcorn-, Eis- und Pommesbuden gibt es jede Menge Café-Pavillons mit Sitzgelegenheiten.

Tip: Das etwas schummrige Café Viktoria im **Grünen Theater** (s. S. 21) bietet warme Mahlzeiten und abends Tanz.

Im Winter findet im Gorki-Park eine **Eis-Kunstausstellung** besonderer Art statt: Bekannte und (noch) unbekannte Moskauer Bildhauer modellieren unter freiem Himmel Eisplastiken.

Ein Kuriosum für Theaterfreunde ist das östlich vom Park an der Ⓜ Paweletskaja gelegene ** **Baruschkin-Theatermuseum** ⑤⑤. Kostümfetischist und Regisseur Baruschkin begründete hier 1894 eine originelle Sammlung, zu deren „Spitzenstücken" die Ballettschuhe des Tänzers *Waslaw Niinsky* ebenso gehören wie *Schaljapins* Kostüm des Boris Godunow. Auch zu Dramenaufführungen finden sich hier viele Kostüme und andere Schaustücke wie Fotos, Plakate und Programme. 🕓 Mo, Do, Sa, So 12–19 Uhr; Mi, Fr 14–21 Uhr, Bachruschina ul. 31/12.

Einen interessanten Abschluß bietet ein Abstecher zu zwei Wehrklöstern im Südwesten der Stadt (leider etwas umständlich zu erreichen: zuerst zum Umsteigebahnhof Ⓜ Oktjabrskaja, dann zur Ⓜ Schabolowskaja).

Das * **Donskoi-Kloster** ⑤⑥ hat Boris Godunow 1591 zum Schutz gegen weitere Tatarenangriffe erbauen lassen; die Kirchen hinter den Mauern stammen aus dem 16. und 17. Jh. Leider wurde das namensspendende „Gnadenbild der wundertätigen Mutter vom Don" (13. Jh.) dem heilsamen Kuß sowie der Besichtigung entzogen und ins Kunstarchiv der Tretjakow-Galerie versenkt.

Ebenso ist die Filiale des **Schtschussew-Architektur-Museums** auf dem Gelände eine Besichtigung wert; es bietet eine Fülle an Modellen, Skizzen und Fotos, u. a. die maßstabsgetreue Verkleinerung der architektonischen Geschmacksverirrung, mit der Katharina die Große einst den Kreml ersetzen wollte. 🕓 Di–Fr und So 11–18 Uhr.

Noch ein Stück weiter südlich liegt das ** **Danilow-Kloster** 57, Residenz der russisch-orthodoxen Kirche, des Metropoliten und ältester Moskauer Mönchskonvent. Kaum jemand weiß, daß das wehrhafte Kloster in der Sowjetzeit jahrzehntelang als Jugendgefängnis mißbraucht wurde: Viele der Kinder, die im Bürgerkrieg Eltern und Obhut verloren hatten und sich als Kleinkriminelle durchschlugen, wurden hier „weggeschlossen". Erst 1963 gab der Staat das Kloster an die Kirche zurück, die es vollständig restaurieren ließ. Neben vielen langbärtigen Mönchen kann man nun wieder alten russischen Glanz (z.B. in der **Dreifaltigkeitskirche** von 1838) bewundern.

Der zum Kloster gehörende **Danilow-Friedhof** 58 ist nur teilweise erhalten. Berühmte Persönlichkeiten fanden hier ihre letzte Ruhe, doch sind die Gräber – zum Ärger vieler russischer Verehrer – meist nicht mehr genau zu lokalisieren.

Residenz der russisch-orthodoxen Kirche: das Danilow-Kloster

Ilja Repin

Als einer der bedeutendsten Maler des Realismus gilt in Rußland bis heute Ilja Repin (1844–1930). Der aus einer armen Familie stammende Künstler erlernte die Malkunst von einem Ikonenmaler – ursprünglich, um als Restaurateur zu arbeiten. Mit 19 Jahren jedoch gewann er, dank seines ungewöhnlichen Talents, in der St. Petersburger Kunstakademie eine Goldmedaille und ein Stipendium. Auslandsaufenthalte in Frankreich und Italien halfen ihm, zu einem eigenen Stil zu finden: Seine Bilder zur russischen Geschichte erregten durch ihre Dramatik und Ausdrucksstärke die Gemüter. Der Legende nach soll sich ein Betrachter sogar mit dem Messer auf das Gemälde „Iwan der Schreckliche umfaßt seinen tödlich getroffenen Sohn" gestürzt haben – nicht, um der Kunst Repins einen Stich zu versetzen, das Bild hatte seinen Zorn gegen den grausamen Zaren entflammt. 1894 wurde Repin Professor an der Petersburger Kunstakademie; drei Jahre später zog er sich in ein Anwesen am Finnischen Meerbusen zurück, wo er die nächsten 30 Jahre lebte und überlebte – sämtliche Einladungen Lenins und Stalins, in die nun sowjetische Heimat zurückzukehren, lehnte der Maler höflich, aber bestimmt ab. Zwar zeigen viele seiner Bilder deutliche Parteinahme für die unteren Schichten und die Revolutionäre, doch zog es Repin vor, die Veränderungen der neuen Zeit von außen zu beobachten. Auf ein von ihm selbst konstruiertes „revolutionäres" Möbelstück wollte er jedoch auch in der neuen Heimat nicht verzichten: eine drehbare Tischplatte mit verschiedenen Abteilungen, die seine Ehefrau von den lästigen Servierpflichten befreite – russische Gastfreundschaft im Hause Repin gab es nur mit Selbstbedienung.

Weg 9

Moskau von der Moskwa aus gesehen

Sich gemütlich zurücklehnen und doch alles sehen können, was Moskau an zierlichen Zwiebeln und trutzigen Türmen zu bieten hat, das verleiht dieser Fahrt ihren Reiz. Wer zwischen Juni und September oder Oktober in der russischen Metropole zu Gast ist, findet dazu ausreichend Gelegenheit, denn entlang der Moskwa gibt es zahlreiche Anlegestellen, von denen aus Schiffstouren starten. Für exklusive Festlichkeiten läßt sich gleich ein ganzes Schiff anmieten – selbstverständlich in aristokratischer Tradition, mit Kapelle, Wodka und Kaviar. Der Klassiker unter den Routen ist sicherlich die Strecke zwischen Kiewski Woksal und Danilow-Kloster, da man hier nochmals einen Blick auf viele Sehenswürdigkeiten werfen kann. Doch auch Schiffsausflüge in die Umgebung Moskaus sind sehr zu empfehlen (z. B. mit Charter-Tours, ☎ 459 74 76, die Ausflüge nach Ikschinskoje Reservo, Gorki, Bychta, Radosti, Solneschnaja poljana, Kwoiny Bor anbieten) – auf diese Weise kann man sich sowohl ein Bild von den malerischen kleinen Vorstädten als auch von den bedrückenden sozialistischen Wohnsiedlungen am Stadtrand machen. Wer in Richtung Westen nach Fili und Serebriany Bor aufbricht, den erwarten Einblicke ins Leben der oberen Zehntausend: Hier wohnten vormals Stalin und andere hohe Parteifunktionäre, heute sind Jelzin und auch Alexander Solschenizyn in diesen Vierteln zu Hause.

Die Tickets für die Ausflüge bekommt man an den Service-Schaltern der großen Hotels oder direkt an den **Anlegestellen,** u. a. Kiewski Woksal, Krymski most, Kamenny most, Bolschoi Moskworezki most, Ustinski most, Bolschoi Krasnocholmski most, Nowospassky most, Danilow-Kloster u. a.

Für alle, die ohne Führung mit dem Strom schwimmen und die russischen Laute aus dem Mikrophon nicht verstehen, hier einige der Highlights der Klassiker-Route:

Von der Anlegestelle in Höhe des **Kiewer Bahnhofs** fährt man einen weiten Bogen um den ehemaligen Vorort **Luschniki**. Die Stätten höchster sportlicher Ehren (Skischanze, Sportpalast, Stadion) sind nicht zu übersehen, zudem krönt rechter Hand der Zentralbau der **Lomonossow-Universität** die Sperlingsberge (s. S. 70/71). Weiter geht's an einem gigantischen Wohnkomplex vorbei, der kurz vor den Grünanlagen des **Gorki-Parks** den Blick fesselt.

Dann aber schnell zum anderen Ufer geschaut: Die **Nikolai-Weber-Kirche** mit ihren orangegrünen Mauern und Kuppeln ist neben der Basiliuskathedrale sicherlich die fotogenste Kirche Moskaus. Hinter der Krymski-Brücke umschifft der Dampfer dann die kleine Moskwa-Insel, an deren Ufer erst die **Villa des Bojaren Awerki Kirillow** (s. S. 74) und dann der Hochhauskasten des Udarnik-Kinos auftauchen. Bevor die Kremlmauer (Weg 1) den Blick versperrt, sieht man das Gebäude der **Bibliothek Rußlands** (s. S. 51). Doch sollte man darauf achten, nicht den Moment zu verpassen, in dem die **Basiliuskathedrale** und der **Glockenturm** des Kreml (Weg 1) ins Blickfeld rücken.

Die wenig charmante Fassade des *Hotel Rossia* dagegen kann man ruhig übersehen und seine Aufmerksamkeit statt dessen ganz der gegenüberliegenden Seite schenken: Am dortigen Kraftwerk stand früher in riesigen Lettern der berühmte Spruch Lenins: „Kommunismus ist Sowjetmacht plus Elektrifizierung". Unweit davon taucht linker Hand ein erhalten gebliebenes Denkmal der elektrifizierten Sowjetmacht auf – einer der

9

Zuckerbäckerbauten aus der Stalinzeit, ein 170 m hoher Wohnkomplex mit 31 Stockwerken.

Wo Moskwa und Kanal wieder zusammentreffen, sieht man eines jener Wehrklöster, die rund um Moskau erbaut wurden: Weiße Mauern umgrenzen das **Neue-Erlöser-Kloster**, in dem Filaret, Vater des ersten Romanow-Zaren Michail und damaliger Metropolit Moskaus, lebte bzw. für seinen jungen Sohn die Regierung führte. Filarets Beispiel zeigt die vielfältigen Optionen der russisch-orthodoxen Kirchenhierarchie: Als Mitglied der „Weißen Geistlichkeit" hatte er nicht nur das Vergnügen, sondern war sogar verpflichtet zu heiraten – was allerdings seine Aufstiegschancen beschränkte. Nach dem Tod seiner Frau konnte er zur „Schwarzen Geistlichkeit" überwechseln, die an den Zölibat gebunden ist, dafür aber zur oberen Priesterkategorie gehört.

Dem südlich vom Kloster gelegenen **Krutizki-Hof** half eine amerikanische Filmgesellschaft aus der ruinösen Verfassung: Letztere drehte einen Film über Peter I., dafür wurde das Bauwerk gründlich restauriert. Jetzt ist die aus dem 17. Jh. stammende Anlage mit ihren vielen Säulchen und farbig gemusterten Kacheln wieder die reinste Augenweide. Hinter den Klostermauern soll übrigens Alexander Herzen inhaftiert gewesen sein, bevor er ins Exil geschickt wurde.

Anschließend folgt ein baulich weniger gut erhaltener Trutzbau: Vom **Simonow-Wehrkloster** sind nur drei Türme und die halb verfallenen Verbindungsbauten aus dem 14. Jh. erhalten. Bevor das Schiff am Danilowski-Kai anlegt, ein letztes Foto vom Wasser aus: Das **Danilow-Wehrkloster** (s. S. 77) wurde von Iwan dem Schrecklichem erbaut und vom derzeitigen Moskauer Metropoliten Alexij II. renoviert. Es ist heute Residenz der russisch-orthodoxen Kirche; im danebenliegenden Hotel „Danilowski" bietet sich eine gute Gelegenheit, Kaffee zu trinken.

Trinkwasser für den Kreml wurde in den Wasserturm gepumpt

Kremlpracht von der Moskwa aus gesehen

Stalin verewigte sich in den Moskauer Zuckerbäckerbauten

Nicht unwichtig für die Wirtschaft: der Moskwa-Binnenhafen

9

Weg 10

Paläste für das Volk

Ein Fahrt mit der Metro

Ein traumhaftes Zusammenspiel von Modernität und nostalgischer Pracht, das ist der erste überwältigende Eindruck von Moskaus riesigem Kellerlabyrinth. Die langen und steilen Rolltreppen zu den Bahngleisen hinunter muten an wie ein Förderband in eine andere Welt. Schneller, tiefer, dichter und nicht zuletzt völlig graffitifrei ist die Moskauer Metro im Vergleich zu ihren westlichen Pendants.

Den Superlativen huldigen auch die Menschenmassen, die – links stehend, rechts gehend – bis zu 100 m in die Tiefe rasen, um sich dann in einen der alle 2 Minuten heranschießenden Züge zu drängen. Die aufgereihten Gestalten – müde oder gleichmütig, verliebt oder angeregt diskutierend –, untermalt von Lautsprechermusik und -werbung, bieten vor den reichverzierten Gewölben ein surrealistisches Bild. In früheren Jahren wirkte die einheitlich graue Menschenmenge vor der pompösen Kulisse von funkelndem Glas, chrom- und goldverzierten Einfassungen und monströsen Heldenstatuen beinahe wie eine zynische Karikatur des „Sozialistischen Realismus".

Das jedoch hatte Stalin gewiß nicht beabsichtigt, als er 1935 die ersten 12 Stationen nach dem Motto: „Paläste für das Volk" erbauen ließ; die von ihm eingeführte prunkvolle Ausstattung wurde Standard für alle künftigen Metrostationen. Bei der Beschaffung der überaus edlen Baumaterialien erwarb sich der zukünftige Staatssekretär Chruschtschow Verdienste: Der gelernte Minen-Ingenieur ließ aus dem Kaukasus, dem Ural, Sibirien und der Ukraine die verschiedensten Marmorsorten, Gold und andere Edelmetalle ankarren und soll in den 30er Jahren mehr Zeit unter der Erde als im Parteibüro verbracht haben. Mit ihm und den Arbeitern waren zahlreiche Künstler unter Tage beschäftigt, deren erzählende Mosaiken sowie Statuen und Büsten das luxuriöse Ambiente vervollständigen. Nicht eine der vielen Stationen gleicht der anderen, jede hat ihr eigenes Thema (wie „Revolution" oder „Weltraumeroberung"). Auch oberhalb der Erde sind die Stationen so vielfältig und reich verziert, daß es sich durchaus lohnt, den einen oder anderen Jeton zu riskieren und zwischendrin aus dem Untergrund aufzutauchen.

Der vietnamesische Staatsführer Ho Chi-Minh, der aus naheliegenden Gründen lange und oft in Moskau weilte, hat seinen Landsleuten die Überlegenheit des Sozialismus gern am Beispiel der Moskauer Metro demonstriert – ohne daß er allerdings die New Yorker oder Londoner kannte.

Um die Besichtung wirklich genießen zu können, sollte man die Tour auf keinen Fall während der *tschas pik* (Stoßzeit) von 6–8 Uhr oder 15–17 Uhr beginnen. In diesen Stunden tummeln sich fast die gesamten elf Millionen Moskowiter im Metro-Untergrund. Da die Metro bis 1 Uhr nachts verkehrt, bietet sich eine Nachtfahrt an – zweifellos die beste Zeit zum Fotografieren.

Die prächtigsten Stationen findet man entlang der **Kolzewaja Linia** (Ringbahn); an den Stationen **Komsomolskaja, Belorusskaja, Kiewskaja** und **Nowoslobodskaja** sind viele der Mosaiken und Statuen in der oberen Etage bzw. von außerhalb der Station zu sehen.

Die **Komsomolskaja-Station** zum Beispiel, um die sich die für den Fernverkehr bedeutsamen Kasaner, Petersburger und Jaroslawer Bahnhöfe gruppieren, ist besonders prunkvoll ausgestattet und von geradezu giganitschen Dimensionen. 72 achteckige Marmorsäulen stützen die langgestreckte Halle. Mancher überwältigte Besucher bezahlt sein historisches Interesse mit Genickstarre, denn von den schimmernden Kronleuchtern wird hier im buchstäblichen Sinn ein Licht auf die gesamte russische Geschichte geworfen, die szenisch auf großflächigen Mosaiken dargestellt ist.

Wer mehr zu den Details der russischen Geschichte vordringen möchte, fährt von der Komsomolskaja schnell zum **Revolutionsplatz** (pl. Rewoliuzi). Dort kniet ein bronzener Arbeiter mit geschultertem Geweht und die gesamte Besatzung des Panzerkreuzers „Aurora“ (ebenfalls in Bronze gegossen) posiert in sozialistisch befreiter Haltung. Die idealisierte Bevölkerungsstudie wird von Mutter und Kind, Sportlern, Wissenschaftlern etc. stilecht ergänzt – ein Denkmal der sozialistischen Propaganda, das vielleicht bald ganz auf diese Metrostation beschränkt sein wird. Außerdem haben andere Linien noch einige Wunderpaläste zu bieten, z. B. die Stationen **Kropotkinskaja, Krasnye Worota** und **Majakowskaja**.

Museum zur Metro-Geschichte, s. S. 68.

Die heile Welt des Sozialismus: Deckenmosaik in der Metro

Station Majakowskaja

Kaum war die nach dem Dichter Majakowski benannte Station 1938/39 fertiggestellt, diente sie auch schon als Massenunterkunft. Tausende von Moskauern flüchteten sich vor den Bomben der Deutschen in dieses und andere unterirdische Metrogewölbe. Zwei Jahre später – am 6. November 1941 – hielt Stalin hier zur Feier des 24. Jahrestags der Oktoberrevolution eine Rede vor dem Obersten Sowjet, während die deutschen Soldaten nur knapp 10 km vor Moskau standen.

Doch nicht allein die Historie dieser Station ist außergewöhnlich. Der langgestreckte Raum unter der Erde beeindruckt vor allem auch durch seine architektonische Gestaltung: die (rostfreien) metallenen Stützpfeiler bilden Arkaden und Jochbögen; auf 35 Kuppelmosaiken wird die Geschichte der sowjetischen Raumfahrt geschildert, wobei fluoreszierende Materialien einen faszinierenden Beleuchtungseffekt erzielen. Für ihre künstlerische Gestaltung wurde die Metrostation in New York sogar mit dem Grand Prix für Architektur ausgezeichnet.

Preisverdächtig sind heute die einfallsreichen jungen Moskauer, die mit geradezu artistischem Geschick 5-Kopeken-Stücke quer über die gewölbte Stahlfassung von einem Bahnsteig zum anderen entlangrollen lassen. Bei Gelingen soll das Kunststück zudem Glück bringen!

Äußere Stadtviertel

Kenner des Stadtkerns lockt es über die vom Gartenring gesteckte Grenze – der im 17. Jh. tatsächlich einmal die Stadtgrenze bildete – hinaus in die Außenbezirke. Als Transportmittel bietet sich die Metro an, da die Entfernungen weit und die unendlichen Ausfallstraßen wenig fußgängerfreundlich sind.

Nördlich des Zentrums

In der ** **Austellung der Volkswirtschaftlichen Errungenschaften der ehemaligen Sowjetrepubliken** (WDNCH) erhält man einen Einblick in Wirtschafts-, Technik- und Sozialgeschichte des alten und sowjetischen Rußlands. Auf über 211 ha dokumentierten einst mehr als 100 000 Exponate in 80 Hallen und Pavillons die wissenschaftlichen, kulturellen und technischen Fortschritte der Sowjetunion.

Heute zeugen nur noch monströse Bauten aus den 50er und 60er Jahren, reichverzierte Brunnen und bombastische Denkmäler wie das 96 m hohe * **Sputnik-Denkmal** ㊾ (Baujahr 1964) von sowjetischer Pracht und sozialistischem Stolz. Im Sockel der steil gen Himmel ragenden Rakete mit Titanschweif können im **Museum für Kosmonautik** (🕓 Di–So 10–19 Uhr, am letzten Freitag im Monat geschlossen, nur Führungen, ☎ 283 79 14) Gagarins Weltraumsocken und der erste Erdsatellit bewundert werden; die durch Film- und Fotomaterial ermöglichten phantastischen Reisen in den Weltraum erlebt man von den „Kosmonautensitzen" aus besonders realistisch.

Auf der anderen Seite der Auffahrt zum großen Ausstellungsgelände recken **Arbeiter und Kolchosbäuerin** ㊿ stolz Hammer und Sichel. Vera Muchina schuf diese erste Plastik aus rostfreiem Chromnickelstahl (24 m hoch, 75 t schwer) anläßlich der Pariser Weltausstellung 1937. Das Paar kehrt dem lebhaften Getriebe des Allrussischen Ausstellungszentrums den Rücken; und nicht nur der Blick in den phantasievoll dekorierten Chinesischen Pavillon im ehemaligen Propagandapark zeigt, daß auf dem russischen Markt heute hauptsächlich Hongkong-Elektronik gefragt ist. Mit Autosalons, Computern, Software im Überfluß und dem riesigen Spielzeugkaufhaus „Toy City" präsentiert sich auch das **WWTs** ganz der neuen marktwirtschaftlichen Situation gemäß.

Doch leise Musik aus Marmorsäulen-Imitaten und das üppige Vergnügungsangebot – Zirkus, Spielplatz, Ponys, Rummel, Rundkino, Freilichtbühnen, allseits Schaschlik und Eis – lassen keinen Trübsinn aufkommen. Wem die auf dem Ausstellungsgelände gebotenen kulinarischen Genüsse nun gar nicht zusagen, kann sich im Glaspavillon Star-Passage links vor dem Tor verköstigen.

Das Areal der ehemaligen **WDNCH** gehört mit dem im Nordwesten anschließenden * **Botanischen Garten** ⑥① auf 360 ha des ehemaligen Parkgeländes von *Schloß Ostankino* zu den ruhigsten und außerdem ökologisch saubersten Ecken der Stadt. In den Anlagen blühen vor allem Pflanzen aus den Republiken der ehemaligen Sowjetunion – in einem Riesentreibhaus aber auch tropische Seltenheiten aus Afrika, Australien, Südamerika und Indien, die bei den Moskowitern überaus beliebt sind. Das Gelände war ein generöses Geschenk von Peter I. an seinen Getreuen Boris Scheremetew, und die sprichwörtliche Großzügigkeit des Zaren läßt sich daran ersehen, daß selbst der heutige Internationale Großflughafen Scheremetewo II noch auf ehemaligem Grund und Boden der Scheremetews liegt.

Schloß Ostankino erhielt sein unverwechselbares Antlitz erst 1792, als sich Fürst Nikolai vom Architekten *Giacomo Quarenghi* ein prachtvolles klassizistisches Palais errichten ließ. Da in Moskau aufgrund von Peters I. Steinbautenmonopol für St. Petersburg die Steinmetze rar waren, mußten die Leibeigenen, die den Bau ausführten, geschickt zu Werke gehen, um die Holzfassade kunstvoll zu kaschieren. Mindestens dem Anschein nach wollten die Aristokraten Moskaus mit dem Petersburger Baustil Schritt halten.

Aus dem Palais wurde folgerichtig ein **Museum für das Kunstschaffen der Leibeigenen,** da auch die erlesene Innenausstattung von leibeigenen Handwerkern geschaffen wurde (leider ist es bis auf weiteres wegen Renovierungsarbeiten geschlossen).

Fürst Nikolai hatte im Schloß sogar die Einrichtung eines Theaters für die schöne leibeigene Schauspielerin *Parascha Kowaljowa-Schemtschuga* (seine nachmalig „Angetraute zur linken Hand") veranlaßt, die einer Truppe von ca. 200 leibeigenen Schauspielern vorstand. Nach Versailler Vorbild konnte der Theatersaal mit der Bühne zu einem Ballsaal vereinigt werden, in dem die „bessere Gesellschaft" Moskaus nach den berühmten Theateraufführungen regelmäßig rauschende Feste feierte.

Im **Ägyptischen Pavillon** werden heute Konzerte gegeben, und so kann man vielleicht von Geigenklängen begleitet zu der rund 100 Jahre älteren **Dreifaltigkeitskirche** ㊷ mit den fünf Kuppeln schreiten; die roten Ziegelmauern im Moskauer Barock zieren weiße Fassadenelemente sowie Pflanzen- und Vogelmotive.

Allerdings erscheint das ehrwürdige Gotteshaus winzig vor dem 537 m hohen ***Fernsehturm Ostankino** ㊸, eine auf zehn Betonpfeilern ruhende 385 m

Die Kirche der Gottesmutter von Kasan in Kolomenskoje

Sommerresidenz vor den Toren Moskaus: Schloß Kuskowo

- ㊴ Sputnik-Denkmal
- ㊵ Denkmal „Arbeiter und Kolchosbäuerin"
- ㊶ Botanischer Garten und Schloß Ostankino
- ㊷ Dreifaltigkeitskirche
- ㊸ Fernsehturm Ostankino

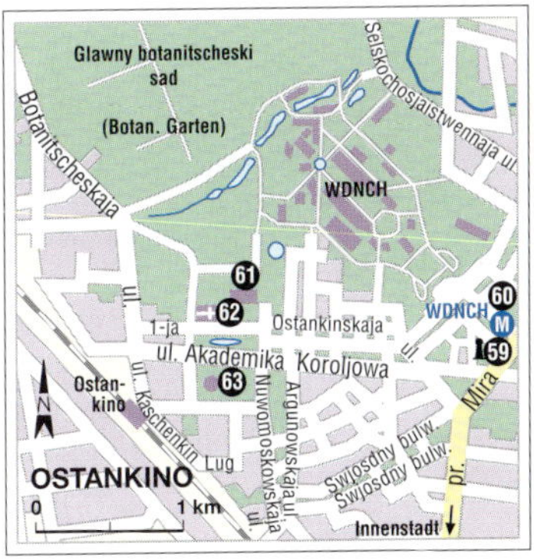

hohe Säule, die von einer 152 m hohen Antenne überragt wird und auf 338 m Höhe eine Aussichtsplattform trägt (allerdings ist ihr Betreten bei hohen Windstärken wegen der beträchtlichen Schwankungen untersagt). Der Turm gehört zur Fernsehstation Ostankino, die im Oktober 1993 traurige Berühmtheit erlangte, als hier der Kampf zwischen Putschisten, Journalisten und regierungstreuen Truppen tobte und ein Gebäude in Flammen aufging.

Magenfeste, erprobte Seefahrer können im Turmrestaurant „Der Siebte Himmel" (☏ 282 22 93) ein mäßiges Menü bestellen.

Achtung: Bei der Turmbesichtigung muß kurioserweise ein Paß vorgelegt werden!

Östlich des Stadtzentrums

Kunstgeschichte und Natur bilden im ** **Kultur- und Erholungspark Sokolniki** eine reizvolle Symbiose. Hier gingen einstmals die Zaren auf Falkenjagd (*sokol* – Falke), heute ist im Park – außer der Jagd mit den aristokratischen Raubvögeln – fast jedes Freiluftvergnügen möglich: Bootsfahrten, ein Ski- und Schlittschuhverleih, Jahrmarkt und ein Wachsfigurenkabinett mit der alten und neuen Nomenklatura sorgen für Unterhaltung.

Auf der anderen Seite der Jaussa lagen die Ländereien der Zarensiedlung **Preobraschenskoje**, wo Zar Alexei sich 1657 ein Jagdschloß aus Holz und seinem Sohn Peter I. eine „Spielfestung" bauen ließ, damit er seine Altersgenossen in Spielregimentern drillen konnte. Die Schlösser sind den Hochhäusern einer sowjetischen Neubausiedlung gewichen – von der Spiel- zur Wohnfestung.

Weiter östlich laden auf den 1500 ha des ** **Kultur- und Erholungsparkes Ismailowski** ausgedehnte Wälder und Wiesen zu erholsamen Spaziergängen ein. Zehn historische Bauten aus dem 17. Jh. wurden auf dem einstigen Stammsitz der Romanows wieder aufgebaut und restauriert, so das Schloßtor, ein Jägerhäuschen, eine Imkerei, Bedienstetenhäuschen und ein Brükkenturm. An Wochenenden (10–15 Uhr) lohnt sich ein Besuch des Flohmarktes zwischen Metro und Parkeingang.

Das ** **Andronikow-Kloster** am Jaussa-Ufer (1352–1359 erbaut) gehört zum Ring der Moskauer Wehrklöster und galt als Zentrum der mittelalterlichen russischen Kultur. Hier verbrachte auch der Mönch und Ikonenmaler *Andrei Rubljow* (ca. 1360–1430) seinen Lebensabend. Leider zeigt das **Museum für altrussische Kunst Andrei Rubljow** in den bereits restaurierten Räumen des Klosters nur Kopien der Wandfresken des Meisters. Die Originale werden in der Tretjakow-Galerie vor Unbill wie vor Besucheraugen steng behütet. Ein Abstecher zu der reizvollen Klosteranlage, einem Beispiel für die frührussische Kirchenbaukunst, lohnt dennoch: Die 1420–1427 erbaute **Erlöserkathedrale** ist das älteste Gebäude Moskaus; und immerhin sollen einige der gezeigten Ikonen von Rubljow-Schülern stammen.

Unweit der Metrostation Perowo liegt das sehenswerte kleine **Museum des Bildhauers und Malers Wadim Sidur** (1928–1986), der sich nach einer schweren Kriegsverletzung der Kunst widmete und – offiziell totgeschwiegen, inoffiziell geduldet – teilweise aus Schrott in seinem Keller-Atelier Werke von bizarrer Schönheit und eindringlicher Expressivität schuf. Seine Skulpturen wirken selbst vor dem Hintergrund der westeuropäischen Moderne neuartig und originell. 🕓 Di–So 11–19 Uhr; Nowogirewskaja ul. 37.

7 km vom Stadtkern entfernt ist an der Entusiastow schosse *** **Schloß Kuskowo**, eine zweite Sommerresidenz der Familie Scheremetew, zu besichtigen. Ihr galt die ganze Liebe von Pjotr Scheremetew, der (ab 1749) das Schloß im Rokokostil errichten und einen herrlichen französischen Park anlegen ließ,

u. a. mit einem holländischen Kachelhäuschen. Porzellanliebhaber sollten sich aber gleich ins Herrenhaus begeben, das ein wundervolles **Porzellanmuseum** mit über 18 000 Exponaten aus drei Jahrhunderten beherbergt, die aus Platzgründen allerdings nur teilweise gezeigt werden. Hier finden sich Gedecke aus allen europäischen Porzellanmanufakturen von Rang und Namen – u. a. das sog. Ägyptische Service, eine kleine zerbrechliche Aufmerksamkeit Napoleons für seinen „cher cousin" Alexander I. Später zerbrach zwar nicht das Geschirr, wohl aber die Freundschaft zwischen dem Zaren und Napoleon – 1812 marschierte der Franzose ohne Kriegserklärung in Rußland ein und besetzte kurzerhand Smolensk und Borodino.

Holländische Architektur in Kuskowo

Moskaus Metropoliten

Der eigenwilligen Liebe geistlicher Herren zu Italien verdankt Moskau die Tatsache, daß es zu einem „dritten Rom" avancierte: Der Mönch Filofei aus Pskow verlegte nach dem Fall von Byzanz an die Türken 1453 den „Mittelpunkt des wahrhaften Christentums" in die Moskwa-Stadt. Allerdings schwand der Einfluß der russisch-orthodoxen Kirche, als Lenin 1917 Marx' These „Religion ist Opium fürs Volk" sehr russisch mit „Religion ist billiger Wodka" übersetzte: Alkohol und kirchlicher Trost waren 70 Jahre lang schwer erhältlich.

Obwohl unter Stalin Christen verfolgt wurden und Chruschtschow rund 10 000 Kirchen als „reparaturbedürftig" schließen ließ (etliche weitere wurden zu Museen, Sporthallen u.ä.), war der Glaube damit nicht ausgelöscht. Im Zuge der *perestroika* hat eine religiöse Renaissance die Stadt ergriffen: 90 % der Ehen werden wieder kirchlich besiegelt, Klöster und Gottesdienste erfreuen sich steigenden Zulaufs. Und Patriarch Alexeij II. leiht sich schon mal die heilige Ikone der **Gottesmutter von Wladimir** aus dem Museum, um damit die „Massen zu beruhigen" – so beim Oktoberputsch 1993. Das Gerangel zwischen Stadtverwaltung und Kirchenoberhaupt um die Madonna ist seither nicht beigelegt worden: Immerhin handelt es sich um eine Ikone aus dem 13. Jh., so daß der Einwand der Museumsverwaltung, die Gottesmutter könne dem Ansturm gläubiger Küsse nicht gewachsen sein, stichhaltig ist. Außerdem erbost den Metropoliten, daß zu viele selbsternannte Prediger in der Stadt herumlaufen: Wunderheiler und Hypnotiseure wie der legendäre Kaschpirowski, der via TV-Bildschirm von Glatzen, Epilepsie und Gicht zu heilen verspricht.

Viele Moskowiter verstehen es auf wunderbare Weise, Wundersames miteinander zu verbinden: So ist es z. B. immer noch üblich, nach der Kirche vor dem Lenin-Mausoleum zu posieren oder neben der Heiligen Dreifaltigkeit an die magischen Kräfte Kaschpirowskis oder an die Landung eines Ufos im Vorort zu glauben.

Südlich des Zentrums

*** **Kolomenskoje** ist der Ort, um vor (hoffentlich) strahlend blauem Himmel goldene und blaue Kuppeln und altrussische Holzbauten zu bewundern. Die uralten Eichen standen schon vor 600 Jahren, als Dmitri Donskoi sich hier von seinem Sieg über die Tataren erholte. Was heute dagegen fehlt, ist seine Sommerresidenz, der märchenhafte bemalte Holzpalast; nur ein Modell des Holzschnitzers *Smirnow* aus dem 19. Jh. in der kunsthandwerklichen Sammlung zeugt in den ehemaligen Wirtschafts- und Stallgebäuden im *Museum Kolomenskoje* von vergangener Pracht.

Ebenfalls überdauert hat die *Kirche der Gottesmutter von Kasan,* die sich Zar Alexei 1660 als Hauskirche errichten und mit kobaltblauen, besternten Kuppeln schmücken ließ. Sie war durch einen unterirdischen Gang vom Palast aus zu erreichen. Hier wurden schon gegen Ende der Sowjetära regelmäßig Gottesdienste gefeiert.

Tip: Ein Besuch in Kolomenskoje lohnt sich besonders zur Osterzeit, wenn vor der Kirche im Park lange Tische aufgestellt sind, auf denen Frauen und Kinder ihre buntbemalten Ostereier und die traditionellen kerzenbesteckten *kulitschi* (Osterkuchen) ausbreiten, um sie vom Popen segnen zu lassen.

Wahrzeichen von Kolomenskoje ist die am Moskwa-Ufer aufragende *Christi-Himmelfahrts-Kirche,* die nur aus einem einzigen Turm zu bestehen scheint. 1530 hatte Großfürst Wassili III. diese älteste steinerne Zeltdachkirche Rußlands anläßlich der Geburt seines Sohnes Iwan (der spätere „Schreckliche") bei unbekannten Baumeistern in Auftrag gegeben.

Neben dem Besuch der Sakralbauten und dem malerischen Ausblick auf die Moskwa lohnt sich die Besichtigung der altrussischen Holzbaukunst, die aus ganz Rußland im *Freilichtmuseum* zusammengetragen wurde.

Ausflüge in die Umgebung

Auch die schönste Großstadt ermüdet, und innerstädtisches Straßenpflaster läßt schließlich die beste Schuhsohle qualmen. Zudem bietet die Umgebung Moskaus neben unberührten Wäldern und russischem Landleben allerlei kulturell Sehenswertes und historisch Interessantes. Genug Gründe also für einige Ausflüge.

* Schloß Archangelskoje

Etwa 25 km nordwestlich der Stadt, ab Ⓜ Tuschinskaja mit der Buslinie 541/549 oder mit dem Auto über die Trasse Leningradski prospekt/Wolokolamskoje schosse.

Auf einer Anhöhe unweit der Moskwa gelegen, bietet der langgestreckte Palast eine malerische Kulisse: Die großen Doppelkolonnaden, der Paradehof und die Parkterrasse aus dem 18. Jh. wurden von dem französischen Architekten *Charles de Guerne* im klassizistischen Stil entworfen und später durch den russischen Baumeister *Melnikow* erneuert und erweitert. Treppen und verschlungene Wege verbinden das Schloß mit Terrassen und Pavillons, die mit Marmorstatuen und Springbrunnen geschmückt sind – dieser Landsitz der reichen Familie Jussupow stellte selbst Zarenresidenzen in den Schatten. Die Fürstenfamilie machte sich durch diverse Finanzspritzen an die Zaren um ihre Heimat verdient, doch auch die Ermordung Rasputins, eines zwielichtigen sibirischen Mönchs und Beraters von Zar Nikolaus II. ging auf ihr Konto (s. S. 87).

Selbstverständlich huldigte man in Archangelskoje der Kunst. Der leidenschaftliche Theatergänger und Sammler westeuropäischer Kunst Nikolai

Jussupow ließ 1817 außerhalb des **Schloßparks** ein kleines **Privattheater** errichten, in dem eine leibeigene Truppe spielte. Im **Herrenhaus** gibt eine Sammlung von Möbeln und Porzellan aus hauseigenen Manufakturen, Kristall und Gemälden Einblick in den legendären Reichtum der Jussupows; die über 16 000 Bände umfassende Bibliothek belegt, daß auch sie schon der sprichwörtlichen Leselust der Russen frönten. Doch da die Gebäude seit Jahren renoviert werden – Ende offen –, muß sich der Besucher mit der Außenansicht und dem **englischen Park** begnügen, in dem Obeliske und Gedenktafeln an die Besuche der verschiedenen Zaren erinnern.

Tip: Nach einem ausgiebigen Spaziergang bringt einen die Buslinie 541/549 in das idyllische Dörfchen **Iljinskoje** am Moskwa-Ufer. Dort ist in einem alten russischen Blockhaus das Restaurant *Russkaja Isba* („russische Hütte") versteckt (☏ 561 42 44). Bei einem köstlichen Mahl aus der traditionellen russischen Küche, die sich hier von ihrer besten Seite zeigt, kann man ungestört den Ausblick auf die geschützten Flußauen und die himmlische Ruhe genießen. Es empfiehlt sich, zu reservieren und für den Rücktransport des vollen Bauchs ein Taxi zu bestellen.

Das Heilige Rußland feiert seine Renaissance

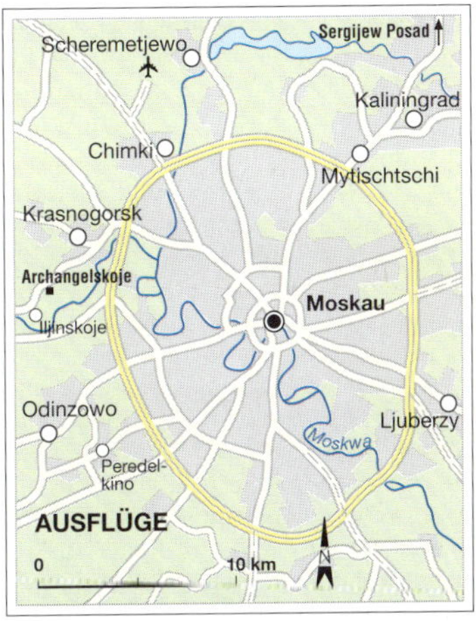

Rasputins Ende

Die Beseitigung des Mönches und Mystikers Rasputin (1872–1916) ist Teil des makabren Legendenschatzes der russischen Geschichte: Der sibirische Mönch hatte sich 1907 eine einflußreiche Stellung am Hofe sichern können, da sich die Zarin von ihm die Heilung ihres an der Bluterkrankheit leidenden Sohnes versprach. Neun Jahre später beschloß Felix Jussupow zusammen mit einer Gruppe aristokratischer Verschwörer, den Günstling zu beseitigen, und lud Rasputin zu einem delikaten, aber vergifteten Mahl in die Petersburger Jussupow-Villa ein. Zum grausigen Erstaunen des Gastgebers überlebte der Mönch sowohl die giftigen Süßigkeiten als auch eine Salve aus seiner Pistole und entkam durchs Fenster. Den Tod soll er erst in den eisigen Fluten der Newa gefunden haben, die er bei seiner Flucht durchschwimmen wollte. Der nur 29 Jahre alte Mörder ging straffrei aus und starb 1967 im Pariser Exil. Als sich die Kunde von Rasputins Ende verbreitete, schwand die Macht des Zaren endgültig, wurde der Wunderheiler vom Volk doch wie ein Heiliger verehrt.

* Peredelkino

Nach 6 Stationen mit der *elektritschka* vom Kiewer Bahnhof aus (oder ca. 30 km die Fortführung des Kutusowski prospekts in Richtung Minsk/Südwesten und dann links) liegt an einer kleinen Dorfstraße das Datschendorf der Dichter in einem lauschigen Kiefern- und Birkenhain. Viele namhafte Schriftsteller, Journalisten und Regisseure besitzen in Peredelkino eine Datscha, um dort am Wochenende dem Großstadtrummel zu entfliehen.

Der Dichter *Boris Pasternak* (1890 bis 1960) schrieb hier seinen Weltbestseller „Doktor Schiwago" – hin- und hergerissen zwischen dem Mittagstisch seiner Angetrauten Sinaida in der Pawlenko ulitsa und dem Liebesnest seiner langjährigen Geliebten Olga Iwinskaja, deren Datscha über einen Trampelpfad zu erreichen war. 1958 erhielt er für den Roman den Literaturnobelpreis – sehr zum Ärger der sowjetischen Regierung, die den Roman politisch unpassend fand und eine Veröffentlichung im eigenen Land noch weitere 30 Jahre verhinderte. Durch die politische Ächtung, der sich Pasternak in seiner Heimat ausgesetzt fand, vereinsamte er immer mehr und starb zwei Jahre später an gebrochenem Herzen.

In Pasternaks schöner Holzvilla mit halbrundem verglasten Vorbau wurde 1990 nach jahrelangem Streit ein **Literaturmuseum Boris Pasternak** eingerichtet. Dort sind seine persönlichen Haushaltsgegenstände und viele seiner Manuskripte und Werke zu besichtigen. Nahebei liegt ein Schriftstellerheim, in dem weniger begüterte Poeten ein paar Tage ausspannen können. An den anderen Datschen, die sich hinter hohen Holzzäunen ducken, findet sich kein Namensschild, und nur der Kenner weiß, in welchen Häuschen die Schriftsteller *Jewgenij Jewtuschenko* oder *Anatolij Rybakow* zu Hause sind.

Von Pasternaks Arbeitszimmer im zweiten Stock seiner Datscha aus sieht man auf die Kiefern des **Friedhofs** von Peredelkino, wo der Dichter, der diesen Ort so liebte, begraben liegt. Sein Grab unter den Kiefern ist an dem stilisierten Porträt und den stets frischen Blumen leicht zu erkennen. Viele Menschen pilgern hierher und rezitieren seine Gedichte, denn die lyrischen Werke des Dichters sind für viele Russen nach wie vor Ausdruck ihres eigenen Erlebens.

Sehenswert ist gleichermaßen die kleine **Kirche**, in der uralte Mütterchen in der traditionellen Dorftracht anzutreffen sind. Diese interessieren sich weniger für die Literaturprominenz als für die ans Datschendorf grenzende Residenz des Moskauer Patriarchen.

Sommers wie winters gehört ein **Spaziergang** in Peredelkino zu den schönsten Erlebnissen, die einen Frieden und Abgeschiedenheit, vielleicht auch Monotonie des russischen Landlebens ahnen lassen. In Regenzeiten verwandeln sich die unbefestigten Wege allerdings in schlammige Gräben, den Städter schaudert's nur.

** Sergijew Posad

Ca. 100–300 km nordöstlich von Moskau liegt der **Goldene Ring**, ein Kranz altrussischer Städte mit prachtvollen Kulturdenkmälern. Vom Jaroslawler Bahnhof mit der *elektritschka* oder mit dem Auto über die Jaroslawskoje Schosse erreicht man nach etwa 90 km das Industriestädtchen Sergijew Posad (1930–1991 Sagorsk genannt).

Am östlichen Rand der Stadt ragen eindrucksvoll die blauen und goldenen Kuppeln des **Sergios-Dreifaltigkeits-Klosters** hinter weißen Mauern auf. Die Anfänge des Klosters gehen auf die Einsiedelei des Heiligen *Sergios von Radonesch* zurück, dem die Stadt ihren heutigen Namen verdankt. Schutz und Förderung durch die Zaren verhalfen

Meisterwerk russischer Baukunst: Das Sergios-Dreifaltigkeits-Kloster in Sergijew Posad, dem Zentrum der russischen Kirche

dem Kloster zu eindrucksvollen Sakralbauten und riesigen Ländereien. Es wuchs zu einem mächtigen Handels- und Wirtschaftszentrum des mittelalterlichen Rußland heran und wurde zur Zeit der polnischen Invasion zum Symbol des nationalen Widerstands, als es unbesiegt sechzehn Monate lang der Belagerung der Feinde trotzte. Einer solchen Tradition konnten auch die Kommunisten ihre Anerkennung nicht versagen: 1945 fiel das Kloster an die orthodoxe Kirche zurück, die hier sogar ein Priesterseminar einrichten durfte.

Die gegenwärtige orthodoxe Renaissance in Rußland wird das Ihre dazu beitragen, daß dieses Kloster ein Zentrum des religiösen Lebens bleibt. So ist dieser Ort denn auch weniger Museum als religiöse Stätte, die vor allem von alten Frauen mit dunklen Kopftüchern betend, singend und Kerzen entzündend aufgesucht wird. Ihre oft armselige Kleidung bildet einen merkwürdigen Kontrast zu den gold- und juwelenstrotzenden Räumen.

Um hineinzukommen, muß man eine sage und schreibe 6 m dicke **Wehrmauer** durchschreiten, gemalte Szenen aus dem Leben des Gründers schmükken das **Heilige Tor.** Dahinter stößt man zuerst auf die **Torkirche Johannes des Täufers** aus dem 17. Jh., die mit ihrem roten Ziegelwerk, den weißen Fassadenverzierungen und goldenen Barockkuppeln typisch für den sog. Naryschkinbarock (nach der Familie der Mutter Peters I.) ist.

Besonders auffällig durch ihre vier goldbesternten blauen Kuppeln ist die gegenüberliegende **Mariä-Himmelfahrts-Kathedrale** mit Arbeiten bedeutender Ikonenmaler. In ihrem Schatten ruht die Familie des umstrittenen Emporkömmlings Boris Godunow (1550 bis 1605). Dieser Günstling des Zaren Iwan IV. führte in Vertretung des schwachsinnigen Zarensohns Fjodor die Regierungsgeschäfte, bis er schließlich selbst auf dem Herrscherthron Platz nahm, was ihm die konservative Elite Rußlands sehr verübelte. Denn Godunow war weder Mitglied der Zarenfamilie, noch zählte er zum hohen Adel. Wer sich für Kirchengeschichte interessiert, sollte die Entwicklung der orthodoxen Kirche anhand der Mauerfresken des Klosters studieren.

Der prunkvollste Bau am Platze ist die **Refektoriumskirche** mit der anschließenden Sergios-Kirche, die unter der Regentin Sophia 1686–1692 errichtet wurde. In der Hauskirche, der **Dreifaltigkeits-Kathedrale**, war einst die berühmte Darstellung der *Trinität* von *Andrei Rubljow* beheimatet.

Von Weihrauch und Kirchengeschichte etwas benommen, kann sich der ermattete Kunstfreund außerhalb des Klosterbezirks in den Restaurants **Goldener Touristenring** oder **Sergijew Posad** mit Leckereien der russischen Küche stärken und seine Eindrücke ordnen.

Mehr weltliches Erleben bietet – sofern es die Kondition erlaubt – ein Abstecher auf das idyllische alte Landgut **Abramzewo** zwei Stationen vor Sergijew Posad. Das **Literatur- und Kunstmuseum** erinnert an die Blütezeit im 19. Jh., als Abramzewo ein Hort russischer Kultur war. Sawwa Mamontow, ein russischer Industrieller der Gründerzeit, erwarb 1870 das Gut und investierte in Kunst: Er kaufte nicht nur Bilder von *Repin,* Skulpturen von *Antocholski* und Illustrationen von *Wasnezow,* sondern stellte ihnen auch ein Atelier zur Verfügung, ließ sie eine kleine Kirche ausmalen und übereignete ihnen das weitläufige Parkgelände für architektonische Projekte. Ganz nach alter Tradition richtete er auch ein kleines Privattheater ein, dessen Aufführungen nun allerdings nicht mehr Leibeigene, sondern geladene berühmte Schriftsteller und Schauspieler bestritten. Neben dem **Museum** zu Ehren der illustren Gesellschaft, die sich hier austoben durfte, und einem **Kunsthandwerksmuseum** lädt die herrliche Landschaft zu einem Spaziergang im Grünen ein.

Praktische Hinweise von A–Z

Ärztliche Versorgung

Alle Hotels verfügen über eine Erste-Hilfe-Station („Medpunkt"), wo auch Medikamente erhältlich sind. In einigen Botschaften gibt es einen Arzt. Die medizinische Versorgung ist zwar zum Teil kostenlos, aber ingesamt verbesserungsbedürftig. Bei ernsthaften Erkrankungen empfiehlt es sich daher, einen ausländischen Arzt zu rufen.

Kliniken – Apotheken

AMC (American Medical Center), Twerskoy Jamskoy Pereulok 10; Mo–Fr 8–20, Sa 9–17 Uhr;
EMC (European Medical Center), im selben Haus wie AMC, ☏ 251 60 99, 24 Stunden Ambulanz, Apotheke, Röntgen, Labor; Ärzte aus dem Westen; Hilfe bei evtl. nötigem Rücktransport.
Athens Medical Center, Mischurinski prospekt 6; ☏ 143 23 87, 9–17 Uhr; mit 24-Stunden-Ambulanz im Euromedical Club, ☏ 143 25 03.
Praxis im Pullman Iris-Hotel, Korowinskoje schosse 10, ☏ 488 82 79; 10–17 Uhr.
Unfallkrankenhaus Sklifosowski Institut, Sadowoje Koltso, Ⓜ Sucharewskaja.
Intermed (Zahnklinik mit westlicher Technik), Durowa ul. 26; ☏ 284 74 03.
Eine **deutsche Apotheke** mit westlichen Medikamenten gibt es in der Petrowski-Passage.

Ausrüstung und Kleidung

Kleidung im Sommer wie in Deutschland (Achtung: manchmal über 30 °C); unbedingt auch Regenschutz bzw. Schirm und robustes, wasserfestes Schuhwerk einpacken.

Im Winter wichtig: warme (wollene) Unterwäsche; sehr warmes, robustes, rutsch- und wasserfestes Schuhwerk, am besten gefütterte Winterstiefel (bei Tauwetter gibt es oft tiefe Pfützen, oder der Weg führt über scharfkantiges und spiegelglattes Eis); warm gefütterter Mantel (wegen der Pfützen nicht knöchellang); warme Kopfbedeckung, möglichst mit Ohrenschutz.

In Moskau ist es üblich, elegante Schuhe in einer Tasche mitzunehmen und am Zielort gegen die verdreckten Straßenschuhe auszutauschen.

Behinderte

Informationen: **Zentrale Behinderten-Gesellschaft,** Kutusowski prospekt 30/32, ☏ 241 22 86.
Rotes Kreuz, Leninski prospekt 77, ☏ 132 28 11.

Devisenbestimmungen

Fremdwährungen dürfen uneingeschränkt eingeführt, müssen aber in die Zollerklärung eingetragen werden. Bei der Ausreise darf der mitgeführte Devisen-Betrag nicht höher sein als der in der Einreiseerklärung genannte. Rubel dürfen weder ein- noch ausgeführt werden.

Diplomatische Vertretungen

Deutsche Botschaft, Mosfilmowskaja 56; ☏ 956 10 80, FAX 938 23 54; Konsularabteilung, Leninski prospekt 95a; 🕓 Mo–Fr 9–12.30 Uhr; ☏ 936 24 01.
Österreichische Botschaft, Starokonjuscheny per. 1; ☏ 201 73 07, 201 73 17, 201 79 40, FAX 230 23 65.
Schweizer Botschaft, Stopani per. 2–5; ☏ 925 53 22, 925 52 89, FAX 200 17 38.

Einreise – Visabestimmungen

Für die Einreise werden ein mindestens zwei Monate gültiger **Reisepaß** und ein **Visum** benötigt. Bei der Einreise muß eine Zolldeklaration ausgefüllt werden, die bei der Ausreise wieder vorzulegen ist. – Siehe auch „Reisewege und Verkehrsmittel", S. 33.

Einzel- oder Gruppenvisa können für eine Gebühr von ca. 70 DM über die Botschaft/Konsulate (nur mit Nachweis einer Übernachtungsbuchung oder einer Einladung) auch privat beantragt werden. Für den Antrag sind eine Kopie des Reisepasses sowie drei neue Paßfotos erforderlich. Visa-Anträge sind bis spätestens zwei Wochen vor Reiseantritt zu stellen. – Wer länger als drei Monate in Moskau bleiben will, muß mit dem Visum-Antrag einen AIDS-Test vorlegen.

Auslandsbotschaften Rußlands:
In Deutschland, Waldstr. 42,
D-53177 Bonn, ☎ (02 28) 31 20 85/89.
In Österreich, Reisnerstr. 45–47,
A-1030 Wien, ☎ (0222) 72 12 29.
In der Schweiz, Brunnadernrain 37,
CH-3006 Bern, ☎ (031) 44 05 67.

Elektrizität

Netzspannung: 220 Volt Wechselstrom. Meist ist ein Stecker-Adapter erforderlich, Schuko-Stecker sind oft zu breit.

Feiertage siehe Seite 19

Foto und Film

Filme kann man in den meisten großen Kaufhäusern und an Kiosken kaufen. Vorsicht: Militärische Objekte (auch Bahnhöfe, Eisenbahnbrücken, Hafenanlagen, Radiosender, Forschungsinstitute) dürfen nicht aus der Luft fotografiert werden; auch in einigen Museen und Kirchen ist Filmen und Fotografieren verboten (vorher nachfragen!).

Fundbüros

Ein zentrales Fundbüro gibt es nicht, eine Art Sammelstelle für von ehrlichen Findern abgegebene Gegenstände ist die Metrostation „Uniwersitet", 🕓 tgl. 10–18 Uhr, ☎ 222 20 85. Ansonsten frage man dort, wo man etwas verloren hat.

Bei Dokumenten: Fundbüro 3,
Kolobowski per. 8, 🕓 Mo–Fr 9–14,
15–18 Uhr, unbedingt vorher anrufen:
☎ 200 99 57.

Eisenbahn: Gepäckaufbewahrung der Bahnhöfe; *Bus/Straßenbahn:* Nikolskaja ul. 8, Haus II, 🕓 Mo–Sa 10–14, 15–18 Uhr, ☎ 923 87 53;
Taxi: ☎ 233 42 25;

Geld und Währung

Währung: Rubel u. Kopeken; 100 Kop. = 1 Rbl.; es herrscht eine starke Inflation! Sollte man überhaupt noch Kopeken erhalten, ist deren Materialwert zweifellos höher als der Geldwert.

Es darf offiziell nur noch mit Rubel bezahlt werden (obwohl die Preise meist in Dollar angegeben sind). Aufgrund von Inflation und Preissteigerungsrate zählt Moskau zu den teuersten Städten Europas.

Geldwechsel: Zum Geldumtausch werden Paß und Zollerklärung benötigt. Gegen Vorlage der Bankbescheinigung und der Zollerklärung können bei der Ausreise nicht verbrauchte Rubel (mit Verlust) zurückgetauscht werden.

Wechselstuben/-schalter in allen größeren Hotels, in Kaufhäusern und an den Hauptstraßen, ansonsten in den Banken. Günstige Kurse am Flughafen Scheremetjewo II und am Post- und Telegrafenamt in der Twerskaja ul. 7 (bis 23 Uhr).

In der Sadowo Kudrinskaja 21a und auf dem Nowy Arbat 32 gibt es American-Express-Büros, wo gegen AmEx-Travellerschecks auch Dollars ausgegeben werden (hohe Gebühr). Wichtig: Wechselbeleg zwecks Nachweis bei der Ausreise aufbewahren! Geld von der eigenen Hausbank kann man sich (gegen Gebühr) telegrafisch in die Dialog-Bank im Hotel „Radisson" überweisen lassen, ☎ 941 84 34 bzw. 941 83 49.

Kreditkarten: In allen größeren Hotels und Joint-Venture-Restaurants werden die wichtigsten Kreditkarten, vor allem AmEx, akzeptiert; VISA hat Niederlassungen in den Fünf-Sterne-Hotels. Bei Vorlage einer Kreditkarte kann man auch Rubel erhalten, doch sind diese nicht rücktauschbar!

Schwarztauschen lohnt sich nicht. Der Schwarzmarktkurs ist nur minimal besser, die Gefahr, sich dabei Blüten einzuhandeln, dagegen sehr groß.

Gesundheitsvorsorge

Schon wegen der Sprachschwierigkeiten ist es sinnvoll, sich vor Reiseantritt mit „seinen" Medikamenten einzudekken. Nicht abgekochtes Moskauer Leitungswasser sollte man auf keinen Fall trinken, die Benutzung eines Wasserfilters ist zu empfehlen. – Im April 1994 hat die WHO vor einer möglichen *Diphtherie*-Epidemie gewarnt; wer sicher gehen will, sollte seinen Impfpaß überprüfen. Ebenso anzuraten: Bei der Krankenversicherung die Leistungen im Ausland erfragen und nötigenfalls eine Reisekrankenversicherung abschließen (mit Krankenrücktransport).

Information

Intour-Service, Stephanstr. 1, 60313 Frankfurt a.M., ☏ 069-920 04 90.
Frauenverband Rußlands, Nemirwitscha-Dantscheko ul. 6, ☏ 229 32 23.

Reiseveranstalter in Moskau:
Intourservice, Belinskogo ul. 4, ☏ 202 99 75;
Russisches Touristenhaus Victoria AG, Krylatskaja ul. 51, ☏ 975 59 79, 975 49 95; 975 49 91; ferner in den jeweiligen Hotels.

Kriminalität und Sicherheit

In den letzten Jahren ist die Kriminalitätsrate sprunghaft angestiegen (siehe auch „Taxis"). Die Metrostationen werden auch nachts von einem Beamten (im Kiosk unten an der Rolltreppe) im Auge behalten, in dessen Nähe man warten kann.

Es empfiehlt sich, nur kleine Summen im Portemonnaie mitzunehmen; größere Geldbeträge, Wertsachen und Dokumente sind besser in einem Geldgürtel bzw. im Hotelsafe aufgehoben.

Vermißt man Geld oder Wertsachen, wende man sich möglichst umgehend an die Reiseleitung und/oder (mit einem Dolmetscher) an die Polizei. Wichtig für die Ausreise-Deklaration und die Versicherung: Bei der Polizei eine *sprawka* (Bescheinigung) ausstellen lassen.

Maßeinheiten

Wie in Westeuropa, Wodka wird allerdings in Gramm berechnet: Man bestellt anstatt eines Gläschens 100 g Wodka.

Notruf

Feuerwehr: ☏ 01; **Polizei:** ☏ 02; **Notarzt:** ☏ 03

In akuten Notfallsituationen sollte man den Notruf jemandem überlassen, der die Landessprache spricht (evtl. Passanten um Hilfe bitten).

Öffnungszeiten

Banken/Wechselstuben: Mo–Sa meist 10–18 Uhr (nicht einheitlich geregelt).
Geschäfte: Mo–Sa i. allg. 9.30 bis 20.30 Uhr; die meisten Lebensmittelgeschäfte und Supermärkte haben auch sonntags (bis 19 Uhr) geöffnet. Einheitliche Regelungen gibt es aber nicht.
Museen: Unterschiedlich. Einmal wöchentlich geschlossen, je nach Museum an einem anderen Tag. Zusätzlich hat jedes Museum einmal im Monat seinen individuellen *sanitarny*-Tag (Inventur), an dem es ebenfalls geschlossen ist.
Postämter: Mo–Sa 8–20 Uhr (zwischen 12 und 15 Uhr 2 Std. Pause).
Post und Telegrafenamt an der Twerskaja ulitsa 7: werktags rund um die Uhr, auch So einige Stunden.

Post, Postgebühren

Die Postgebühren ändern sich ständig; auch weil die Leerung der (blauen) Briefkästen nicht zuverlässig geschieht, sollte man Briefe etc. im Postamt abgeben. **Hauptpostamt**: Mjasnitskaja ul. 26, ☏ 928 63 11.

Radio

Die **Deutsche Welle** ist auf Kurzwelle 6057 kHz (49 m-Band), 9545 kHz (31 m-Band), 13780 (22 m-Band) und 15275 kHz (19 m-Band) zu empfangen.

Taxi

Von den ehemals staatlichen Taxis laufen inzwischen die meisten als Mietwagen. Doch mancher Moskauer verdient sich durch spontane private Beförderungsdienste ein Zubrot. Mit Vorausplanung und Geduld bekommt man über die Taxizentrale (☏ 927 00 00 und 927 21 08) zu jeder Tages- und Nachtzeit einen Wagen.

Ferner verfügen viele Hotels über eine eigene Taxiflotte. Man kann dann im Hotel ein Taxi bestellen, welches einen niedrigeren Preis verlangt als die vor den Hotels wartenden überteuerten Wagen und zudem gemeldet und daher sicher ist. Mit Wartezeiten sollte man allerdings auch hier rechnen.

Entfernt man sich ein paar Schritte vom Hotel, findet sich meist ebenfalls ein günstiges oder nach Tarif fahrendes Taxi. Es kann preiswerter sein, ein Taxi bzw. einen Mietwagen stunden-, tage- oder wochenweise zu mieten.

Nachts sollte man niemals allein Taxi fahren und auch tagsüber nicht in einen Wagen steigen, in dem bereits zwei oder mehr Personen sitzen.

Telefon

Landes-Vorwahl aus dem Ausland: ☏ 007; Vorwahl für Moskau: ☏ 095. In Rußland fällt die Null nicht weg, wenn man aus dem Ausland anruft!

Auslandsgespräche aus Rußland: Entweder beim Postamt (am Schalter anmelden) oder von einem Privatapparat aus beim Amt eine Vermittlung bestellen (☏ 8-194; 8-196), oder Durchwahl: ☏ 8 (auf Signalton warten) -10 (für Ausland) -49 (für Deutschland), dann die Stadtvorwahl ohne Null. Österreich: ☏ 8 10 43. Schweiz: ☏ 8 10 41.

Wichtig bei Telefonaten von Münzfernsprechern aus: Münze bereithalten und wählen; erst wenn der Angerufene abnimmt, Münze einwerfen! Allerdings sind viele Münzfernsprecher defekt.

Fax-Möglichkeiten: Im Telegrafenamt, Twerskaja ul. 7; in allen großen Hotels (oft auch für Nicht-Gäste); bei Alphagraphics, Twerskaja ul. 50; und im Comstar Business Center im Passage-Kaufhaus Petrowka ul. 10.

Trinkgeld

Bis 10 %, je nachdem, was einem der Service wert ist.

Zeit

Reisende nach Moskau müssen ihre Uhr (sommers wie winters) zwei Stunden vorstellen: Um 10 Uhr MEZ ist es in Moskau 12 Uhr.

Zeitungen

Internationale Presse ist am Flughafen und in den größeren Hotels erhältlich; ansonsten bekommt man ausländische Zeitungen an vereinzelten Verkaufsständen in der Stadt.

Zollbestimmungen

Offiziell dürfen 200 Zigaretten, 1 l Spirituosen und 2 l Wein eingeführt werden, was aber kaum kontrolliert wird.

Wertvollen Schmuck sollte man bei Einreise auf jeden Fall deklarieren – es könnten ja sonst die Kronjuwelen von Katharina der Großen außer Landes geschafft werden. Pornographisches kommt nicht nach Rußland hinein.

Bei der **Ausreise** wird strenger kontrolliert; erlaubt sind 135 g Kaviar. Kunstschätze (Ikonen, aber auch alte Bücher etc.) aus der Zeit vor 1945 und die Landeswährung dürfen ohne Sondergenehmigung nicht ausgeführt werden.

Will man Musikinstrumente, Bilder o. ä. ausführen, braucht man eine Genehmigung vom Außenministerium, die der Verkäufer besorgen muß.

Register

Orts- und Sachregister

Umgebung von Moskau 86ff.

Personenregister

Bildnachweis

Alle Fotos APA Publications/Jon Spaull außer Archiv für Kunst und Geschichte, Berlin: 13, 15/2-3, 17/2, 19/1, 61/1, 75/2-3. Gerold Jung: 1, 11/1, 23/1-2, 39, 43, 45, 49/2, 63/2, 67, 69/1-2, 71/2. Claudia Quankies: 9/2, 25, 87/2, 89. Jo Scholten: 7, 9/3, 21/1, 33/1, 33/3, 41/2, 47/3-4, 57/3, 63/1, 79/4. Jürgen Sorges: 17/1, 27, 29/3-4, 31/2, 51/1, 55, 59/2-3, 63/3, 65/1, 69/3, 77/1. Ursula Wiegand: 17/3, 21/2, 31/1, 49/1, 75/1, 79/2-3, 81/1. G.M. Schmid: Umschlag (Bild). Superbild/Bernd Ducke: Umschlag (Flagge).

Nonin[illegible] sibling adolescent sexua[illegible]
l offen[illegible] [illegible]ological exploration / [illegible]
by Co[illegible] [illegible]ones [illegible]

Non[illegible] sibling adolescent sexua[illegible]
l offen[illegible]ological exploration / [illegible]
by Co[illegible]